Sous la direction
de Vital Gadbois et Nicole Simard

Texte intégral

Le Petit
Vieux des
Batignolles

Notes, présentation
et appareil pédagogique
préparés par Francis Favreau,
professeur au cégep
de Saint-Hyacinthe

MODULO–GRIFFON

Nous reconnaissons l'aide financière du gouvernement du Canada par l'entremise du Programme d'Aide au Développement de l'Industrie de l'Édition (PADIÉ) pour nos activités d'édition.

Gouvernement du Québec - Programme de crédit d'impôt pour l'édition de livres - Gestion SODEC.

Catalogage avant publication de la Bibliothèque nationale du Canada
Gaboriau, Émile, 1832-1873

   Le petit vieux des Batignolles

   (Bibliothèque La Lignée)
   Comprend des réf. bibliogr.
   Pour les étudiants du niveau collégial.

   ISBN 2-89443-213-5

   1. Gaboriau, Émile, 1832-1873. Petit vieux des Batignolles. 2. Gaboriau, Émile, 1832-1873 - Critique et interprétation. I. Favreau, Francis, 1965-   . II. Titre. III. Collection.

PQ2257.G2P4 2004   843'.8   C2004-940552-7

Équipe de production
Éditeur : Sylvain Garneau
Chargée de projet : Dominique Lefort
Révision linguistique : Marie Théorêt
Correction d'épreuves : Monelle Gélinas, Serge Paquin
Typographie et montage : Carole Deslandes, Marguerite Gouin, Nathalie Ménard
Maquette : Charles Lessard
Couverture : Julie Bruneau

Le Petit Vieux des Batignolles
© Modulo-Griffon, 2004
233, av. Dunbar, bureau 300
Mont-Royal (Québec)
Canada   H3P 2H4
Téléphone : (514) 738-9818 / 1 888 738-9818
Télécopieur : (514) 738-5838 / 1 888 273-5247
Site Internet : www.modulogriffon.com

Dépôt légal - Bibliothèque nationale du Québec, 2004
Bibliothèque nationale du Canada, 2004
ISBN 2-89443-213-5

Imprimé au Canada
1 2 3 4 5 IG/10O 08 07 06 05 04

Créée par des professeurs de littérature enthousiastes, *La Lignée* accompagne l'enseignement de la littérature au collégial depuis 1980. Modulo-Griffon est fière de vous présenter, sous ce nom prestigieux, une collection d'ouvrages littéraires sélectionnés pour leur qualité et leur originalité ; des professeurs d'expérience vous en faciliteront la lecture et la compréhension.

L'introduction situe l'auteur en rapport avec son époque, son œuvre dans ce qu'elle a d'original, sa langue dans ce qui la distingue et son style dans ce qu'il a d'unique. Quelques mots présentent le texte à lire.

La première partie comporte le texte littéraire intégral, accompagné de notes de bas de page qui éclaircissent les difficultés de langue et les allusions historiques ou culturelles.

En deuxième partie, trois passages ou courts textes font l'objet d'une recherche lexicographique suivie de questions vous permettant de découvrir l'œuvre progressivement. Dans le premier cas, les réponses vous sont partiellement fournies ; dans le deuxième, ne se trouvent que des esquisses de réponses ; dans le troisième, ne sont présentées que les questions. Dans chaque cas, le but est de comprendre le texte (première approche), de l'analyser (deuxième approche), de le commenter, en le comparant notamment avec d'autres passages de l'œuvre, ou avec d'autres œuvres du même auteur ou d'auteurs différents (troisième approche).

Des annexes contiennent des informations nécessaires à la lecture de l'œuvre : un tableau synoptique de la vie de l'auteur et de son époque ainsi qu'un glossaire des notions littéraires utilisées dans l'analyse de l'œuvre. Suit enfin une médiagraphie composée d'ouvrages, de films et de sites Internet susceptibles de piquer votre curiosité et de vous inciter à lire d'autres grandes œuvres de la littérature.

Vital Gadbois et Nicole Simard,
directeurs de la collection « Bibliothèque La Lignée »

TABLE DES MATIÈRES

Symbole
*   Les mots définis dans le Glossaire des notions littéraires sont signalés, au fil des pages, par un astérisque.

Émile Gaboriau.

UN AUTEUR INJUSTEMENT MÉCONNU

Le nom d'Émile Gaboriau est peu connu ; ses œuvres ne sont pas toutes rééditées ; la critique universitaire en tient peu compte. Il faut dire que le XIXᵉ siècle français fut un âge d'or littéraire. Les courants s'y sont succédé nombreux, du romantisme au symbolisme en passant par le réalisme, au gré des chefs-d'œuvre d'auteurs plus grands que nature, Balzac, Hugo ou Zola, par exemple. Si on parle encore de Gaboriau malgré la richesse de ce siècle, c'est qu'il a le mérite d'avoir inventé le roman policier.

Comme dans les romans policiers d'aujourd'hui, chez Gaboriau l'énigme d'un crime initial est peu à peu dévoilée par un enquêteur qui relève méthodiquement les indices, qui recueille des témoignages, qui prend en filature des suspects, qui se déguise s'il le faut et qui raisonne sous nos yeux pour que jaillisse la vérité. Il est donc bien injuste que Gaboriau soit un peu tombé dans l'oubli, lui qui était célèbre auprès de ses contemporains. Il publia son œuvre entre 1861 et 1873, à l'époque où le roman-feuilleton connaissait son apogée et où le marché du livre et de la lecture se fractionnait sous le poids de toutes les publications.

UN HOMME DE SON TEMPS

Les œuvres de Gaboriau sont porteuses des idéaux d'une bourgeoisie libérale alors en plein essor : la représentation d'une police efficace apparaît comme le fantasme d'une toute-puissance humaine se substituant à la justice divine, à laquelle bourgeois et petits-bourgeois croyaient de moins en moins. Produites pour la masse alors plus alphabétisée qu'avant, les œuvres de Gaboriau représentent aussi une dimension mécanique de cette société urbaine en pleine révolution industrielle. Vite composées, vite imprimées, vite vendues, vite lues, elles sont marquées par la rapidité. Elles bénéficient du support de journaux imprimés et diffusés mieux qu'avant et de tout un réseau naissant de distribution de littérature de gare, alors que les déplacements en chemin de fer s'accroissent. Jamais le roman n'avait été soumis à ce point à l'exigence de la finalité : un genre était né.

C'est dans ce contexte qu'il faut situer l'œuvre de Gaboriau. Lui-même, dès le début de sa carrière d'écrivain, avait eu l'intuition du rôle considérable qu'allait jouer la presse de son temps. En lisant *Madame Bovary*, de Gustave Flaubert, publié en 1857, il fit la remarque suivante qui se révéla prophétique de l'immense succès qu'il connut quelques années plus tard :

> C'est très beau, mais on ne s'adresse qu'à une seule classe de la société. Le temps n'est pas loin où apparaîtra une nouvelle couche de lecteurs pour lesquels il faudra écrire des romans spéciaux, quelque chose comme de l'Alexandre Dumas ou du Frédéric Soulié[1] rapetissés. Et savez-vous qui écrira ces romans-là ? Ce sera moi. Retenez bien ce que je vous dis : le jour où le journal à un sou sera réellement fondé, je gagnerai 30 000 francs par an[2].

JEUNESSE ET DÉBUTS LITTÉRAIRES

Émile Gaboriau est né en Charente-Maritime, à Saujon, le 9 novembre 1832. Sa famille est royaliste et libérale. La révolution de 1830, qui allait remplacer l'ultraroyaliste Charles X par Louis-Philippe 1er, allait dans le sens de ses convictions. Son père était fonctionnaire de l'État, receveur à l'Enregistrement, et allait demander de fréquentes mutations afin de se rapprocher de Jarnac, la ville natale de sa famille.

Les multiples déménagements n'aidèrent guère le jeune Émile à briller à l'école, ce que révèlent les bulletins de ses 13 et 14 ans : « conduite légère, travail médiocre », « laisse à désirer, doit redoubler ». Comme tous les jeunes adolescents de son

---

1. Frédéric Soulié, 1800-1847. Auteur d'un des premiers romans-feuilletons, *Les Mémoires du diable*, en huit volumes, publié en 1837-1838, qui influença Eugène Sue lors de la rédaction des *Mystères de Paris* (1842-1843).

2. Il s'agit de paroles rapportées par ses amis, donc sujettes à caution puisque ce sont des souvenirs recomposés. Cité dans Roger Bonniot, *Émile Gaboriau ou la naissance du roman policier*, Paris, Éditions J. Vrin, 1985, p. 31.

époque, il va dévorer les romans de Stendhal, de Balzac et de l'Américain Fenimore Cooper. Les œuvres de ce dernier relataient les aventures d'un jeune Blanc élevé par les Indiens. Gaboriau s'en inspira pour ses personnages d'enquêteur, véritables avatars de l'Indien et de ses techniques de pistage puisqu'ils « suivent le crime à la piste, le code à la main, à travers les broussailles de la légalité, comme les sauvages de Cooper poursuivent leur ennemi au milieu des forêts de l'Amérique[1] ».

Après deux ans comme clerc dans une étude de notaire et trois décevantes années dans l'armée, il monta à Paris en 1855, où il vécut de petits travaux de secrétariat, avec le désir de s'illustrer en littérature. C'est ainsi qu'il finit par être secrétaire particulier de l'écrivain Paul Féval, célèbre feuilletoniste[2]. Journaliste à partir de 1858 au *Tintamarre*, il collabora ensuite à plusieurs journaux populaires. Le Second Empire tolérant très mal la critique et la liberté de presse, Gaboriau allait le plus souvent possible éviter toute référence politique dans ses textes. Il écrivait pour des journaux favorables au régime ou mieux, puisqu'il appréciait peu ce régime, pour des journaux apolitiques comme *Le Petit Journal*, qui fit du fait divers et du divertissement son fonds de commerce.

Après quelques opérettes bouffonnes, ses premiers romans, en 1861, rédigés alors qu'il était toujours journaliste, révélaient quelques timides préoccupations sociales. Mais ces œuvres n'apportèrent pas la gloire espérée et encore moins l'aisance financière. Gaboriau vivait maigrement depuis des années, et même l'héritage d'un grand-père n'arriva pas à le sortir d'embarras. Il dut compter sans cesse sur l'aide de son père et, à partir de 1863, de son beau-frère. Sa sœur avait épousé un avocat qui jouissait d'une bonne clientèle et incarnait la respectabilité bourgeoise qui lui faisait défaut. Ce beau-frère révèle, par contraste, la situation précaire de Gaboriau qui, rappelons-le, avait quitté la voie du notariat. Désespéré, il écrivit à sa sœur : « Maintenant je me couche

---

1. Émile Gaboriau, *L'Affaire Lerouge* (publié en 1865). Paris, Librairie des Champs-Élysées/Hachette, coll. « Labyrinthes », 2003, p. 47.
2. Paul Féval, 1817-1887. Auteur de romans-feuilletons très populaires de son temps : *Les Mystères de Londres* (1843-1844), *Le Bossu* (1857), *Les Habits noirs* (1863-1875).

avec cette idée funèbre : Je ne suis rien.[1] » Les années 1864 et 1865 furent les plus difficiles de sa vie. Très malade, au point de recevoir de la morphine, Gaboriau était appauvri et vivait en concubinage avec une femme rencontrée quatre ans plus tôt, Amélie Rogelet, concubinage impossible à expliquer à sa famille. Le mariage nécessitait des dépenses et des responsabilités que ses finances et sa santé ne pouvaient lui permettre.

LES ROMANS JUDICIAIRES DE GABORIAU

Tenant en 1865 une chronique dans un journal parisien, *Le Pays*, il proposa à l'éditeur un roman d'un genre nouveau qu'il appela « roman judiciaire[2] ». C'était *L'Affaire Lerouge*. L'œuvre rencontra un certain succès, mais comme le journal n'avait pas un gros tirage, il fut limité. Heureusement pour Gaboriau, un homme d'affaires prospère, Moïse Millaud, publia à nouveau *L'Affaire Lerouge* dans un de ses journaux, *Le Soleil*, au plus gros tirage que *Le Pays*. Gaboriau allait enfin connaître le succès et l'aisance financière. Millaud s'attacha Gaboriau avec des contrats chaque fois plus importants, réservant l'exclusivité de ses romans aux lecteurs du *Petit Journal*, qu'il avait fondé en 1863 dans l'intention d'en faire un véritable journal populaire au prix d'un sou. Millaud, rompu aux **techniques publicitaires**, publiait des auteurs qui pouvaient tenir en haleine les lecteurs, tel Ponson du Terrail avec les aventures de Rocambole. La venue de Gaboriau coïncida justement avec le départ de ce dernier pour un journal concurrent.

LES TECHNIQUES PUBLICITAIRES

Pour tous les romans de Gaboriau, Millaud orchestrait un battage publicitaire important qui confinait même à la manipulation. Annonçant le début d'un feuilleton pour une date précise, le jour dit, il déclarait à ses lecteurs que des circonstances incontrôlables en retardaient encore la publication... Il organisait

---

1. Roger Bonniot, *op. cit.*, p. 81.
2. Les commentateurs de son œuvre ne s'entendent pas pour déterminer si l'expression est de lui ou de Moïse Millaud, l'éditeur du *Petit Journal*.

ses publicités sur le principe de l'attente et de la curiosité. Ainsi, la publication en 1868 de *Monsieur Lecoq* a d'abord été précédée d'immenses affiches multicolores sur les murs de Paris et des principales villes de France où on lisait MONSIEUR LECOQ! répété quatre fois en diagonale. Le lectorat qui connaissait déjà l'inspecteur (dans *L'Affaire Lerouge*, *Le Crime d'Orcival* et *Le Dossier n° 113*) se mit ainsi à espérer une nouvelle publication où apparaîtrait le personnage.

Même le canular était pour Millaud une stratégie publicitaire efficace. On n'a qu'à penser aux annonces très réelles qui furent posées à la fin de juin 1870 invitant J.-B. Casimir Godeuil à se présenter au *Petit Journal*. Le 3 juillet, *Le Petit Journal* titrait : *J.-B. Casimir Godeuil est retrouvé !* Suivait une explication de l'importance du personnage, ancien agent de la sûreté et rédacteur d'importants mémoires que *Le Petit Journal* allait bientôt publier. Chaque jour qui suivit, un article venait souligner la nouveauté et l'importance de ces mémoires. Mais nulle part Gaboriau n'était évoqué comme l'auteur réel derrière Godeuil. La mystification ne pouvait être plus complète. Godeuil vivait une vie réelle et le chroniqueur du journal, Thomas Grimm, alla même jusqu'à écrire qu'il l'avait rencontré et interviewé. Le texte de Grimm que nous reproduisons (lignes 1 à 61) a été publié le 7 juillet, la veille de la publication du *Petit Vieux des Batignolles*. Avant même la publication de ses *Mémoires*, on voulait susciter la curiosité du public pour le personnage...

Les ficelles de ce jeu étaient bien grosses, mais elles atteignaient leur objectif : faire vendre toujours plus de journaux. À ce jeu, la progression des ventes du *Petit Journal* fut phénoménale, atteignant 470 000 exemplaires au début de l'année 1870.

Mais déjà à l'époque de Gaboriau, la critique sérieuse éreintait les romans feuilletons, les méprisait pour leur écriture généralement bâclée et le rabâchage de leurs schémas traditionnels. Se sentant prisonnier d'un genre qui lui avait apporté le succès, Gaboriau allait progressivement quitter le roman policier. Deux des trois romans qu'il publia après la guerre franco-prussienne de 1870, *La Dégringolade* (1871) et *L'Argent des autres*

(1873), sont caractérisés, tout comme *La Vie infernale* (1869) et *La Clique dorée* (1870), par l'absence d'un inspecteur et se rapprochent de l'étude de mœurs. Comme le précise Roger Bonniot : « Ce sont les victimes qui prennent leur cause en main, aidées de leurs amis et de quelques tiers compatissants[1]. » Enfin, on peut ajouter deux œuvres de circonstance au moment de la guerre de 1870, qui n'ont rien à voir avec le roman policier : *La Route de Berlin* (1870) et *Le Journal d'un garde national mobilisé* (1871). Aucune de ces œuvres n'est encore éditée aujourd'hui.

On devrait peut-être considérer cet abandon du « roman judiciaire » par Gaboriau comme une cause possible de l'utilisation du pseudonyme dans *Le Petit Vieux des Batignolles*. Les lecteurs du *Petit Journal* ignoraient tout à fait que derrière Godeuil se cachait Gaboriau. Il ne s'agirait pas seulement d'un effet* de réel renforçant un battage publicitaire (dans le but de faire de Godeuil un réel agent de la sûreté, narrant ses aventures dans ses réels mémoires). On pourrait penser que Gaboriau voulut se dissocier du genre, cherchant de plus en plus une légitimité dont il était privé par son association au roman-feuilleton.

L'ŒUVRE POLICIÈRE DE GABORIAU ET *LE PETIT VIEUX DES BATIGNOLLES*

L'œuvre policière de Gaboriau est composée de sept romans : *L'Affaire Lerouge* (1865), *Le Crime d'Orcival* (1866), *Le Dossier n° 113* (1867), *Les Esclaves de Paris* (1867), *Monsieur Lecoq* (1868), *Le Petit Vieux des Batignolles* (1870) et *La Corde au cou* (1872). *Le Petit Vieux des Batignolles* est donc l'avant-dernier roman policier qu'il écrivit. Il met en scène un agent d'expérience, Méchinet, et un jeune amateur, Godeuil. Ce tandem remplace celui de l'agent Lecoq et du père Tabaret, présent dans toutes les œuvres antérieures.

Les éléments qui caractérisaient Lecoq et Tabaret seraient-ils redistribués à Godeuil et à Méchinet, les deux enquêteurs du *Petit*

---

1. Roger Bonniot, *op. cit.*, p. 313.

Mon cher confrère, vous me demandez le portrait de vrai monsieur Lecoq, c'est bien simple, le voici

Em • Gaboriau

Lecoq en train d'espionner. Dessin facétieux de Gaboriau.
Roger-Viollet / 1643-5.

Vieux des Batignolles? Pourquoi pas? Des rapprochements s'imposent, ne serait-ce que pour mieux dégager ensuite les caractéristiques du roman policier.

Lecoq et Tabaret ressemblent à Godeuil et à Méchinet à cause de leur différence d'âge. Lorsque Tabaret intervint dans *L'Affaire Lerouge*, c'était à la demande de Lecoq. Tabaret était un retraité tandis que Lecoq était agent de sûreté depuis environ trois ans. Lecoq admirait ce détective amateur et sentait bien que la police officielle (dont il faisait pourtant partie) piétinait et accusait un innocent. Tabaret occupait une position de maître par rapport à Lecoq, qui s'inspira de ses techniques de déduction et de collection d'indices. C'est aussi la position de Méchinet, agent d'expérience, par rapport à Godeuil, qui découvre le métier au début du *Petit Vieux des Batignolles*.

Pourtant, les capacités d'observation et de déduction de Lecoq n'étaient elles-mêmes pas à dédaigner. Il interpréta, dans *Monsieur Lecoq*, des traces dans la neige que personne n'avait relevées, comprenant que le criminel n'était pas seul, mais accompagné de deux femmes! Tout comme Godeuil, il exerça donc une faculté d'observation supérieure à la moyenne.

Lecoq bouillait aussi de cette énergie qu'on remarque chez Godeuil, mais il possédait l'art de l'interrogatoire comme Méchinet et, surtout, l'art de se déguiser à volonté. Cela lui permit de prendre en filature des suspects ou d'interroger sans en avoir l'air qu'il voulait. Cet art du déguisement, Méchinet lui aussi le possède, c'est d'ailleurs ce qui intrigue tant Godeuil au début du roman.

Autre élément de rapprochement entre Godeuil, Lecoq et Tabaret : ce sont des célibataires. Ils ont le temps de se consacrer à leur dangereux métier et, surtout, ils ne s'embêtent pas de sentiments lorsqu'ils doivent chercher la clef de l'énigme. Lecoq a pourtant une femme dans sa vie ; si importante d'ailleurs que, dans *Le Crime d'Orcival*, il reconnaît en être l'esclave : « Oui, moi, l'agent de la Sûreté, la terreur des voleurs et des assassins, [...] moi qui ai tout vu, tout entendu, moi, Lecoq, enfin, je suis pour elle plus simple et plus naïf qu'un enfant[1]. » Mais cette femme reste une maîtresse et cet amour ne s'expose pas au regard public. Méchinet et sa femme Caroline ont ici quelque chose d'exceptionnel : ils incarnent un couple. Cela ne va pas sans angoisse ; les deux époux doivent garder secrètes les activités du mari puisque les criminels pourraient autrement exercer des représailles contre sa femme. Et c'est sans compter les angoisses de l'épouse qui ne sait jamais dans quel état son mari rentrera : cette situation annonce le couple Maigret, de Simenon.

---

1. *Le Crime d'Orcival*, Paris, Les éditeurs français réunis, 1963, p. 131-132.

Enfin, parmi d'autres similitudes, on note que Lecoq était ambitieux et désirait se hisser dans la hiérarchie du service de police ; il considérait son supérieur avec dédain, mais respectait tout de même sa situation de subalterne. On le voit souffrir en silence, découvrant des indices, échafaudant des hypothèses audacieuses, brûlant du désir de s'adresser au juge d'instruction, mais se taisant car n'étant pas autorisé à parler. Godeuil n'a évidemment pas les mêmes problèmes, mais on constate bien que l'appareil judiciaire est important dans *Le Petit Vieux des Batignolles*. Godeuil, en découvrant sa vocation, sent du même coup que l'enquête est mal menée. Ce qui le motive, tout comme Lecoq et Tabaret d'ailleurs, ce sont donc la curiosité et la vérité.

CARACTÉRISTIQUES COMMUNES DES ENQUÊTEURS DE GABORIAU

	Godeuil	Méchinet
Lecoq	Esprit scientifique : la médecine pour Godeuil, les calculs d'astronomie pour Lecoq. Parisiens. Jeunes. Esprit d'observation. Se trompent parfois. Célibataires. Ambitieux. Respectent la hiérarchie. Lecoq s'instruit auprès de Tabaret, comme Godeuil auprès de Méchinet.	Lecoq acquiert une solide expérience d'enquêteur (comme celle de Méchinet). Grande capacité de se déguiser. Maîtrisent l'art de l'interrogatoire. Esprit d'observation. Esprit de déduction. Enquêtent généralement sur un meurtre. Aiment une femme (mais Lecoq n'est pas marié, contrairement à Méchinet).
Tabaret	Se trompent parfois. Célibataires. Détectives amateurs.	Plus âgés et plus expérimentés. Esprit d'observation.

	Godeuil	Méchinet
Tabaret	Motivés par la vérité, pas par l'argent. Ne travaillent jamais seuls.	Esprit de déduction. Enquêtent généralement sur un meurtre. Maîtrisent l'art de l'interrogatoire.

Les éléments qui caractérisaient Lecoq et Tabaret furent répartis entre Godeuil et Méchinet. Ces **caractéristiques** ne sont pas récurrentes par hasard : elles vont devenir celles des enquêteurs du roman policier lui-même. Avec Lecoq, ce ne sont donc pas seulement Méchinet ou Godeuil qui se profilent, mais aussi Sherlock Holmes, Hercule Poirot ou encore Maigret.

LES CARACTÉRISTIQUES DU GENRE QUE FONDE GABORIAU

1. L'enquêteur est soit un amateur, soit un agent officiel de la police, mais qui ouvre une enquête parallèle, à l'insu de ses supérieurs.

2. Il a recours à des techniques modernes : collection d'indices, confrontation des témoignages, filature, déguisement, utilisation de moyens de communication et de transport rapides et efficaces (fiacre, chemins de fer, télégraphe).

3. Il n'est pas infaillible, même s'il possède un grand esprit d'observation et une capacité de déduction supérieure.

4. Il respecte la loi, ses mécanismes et ses délais : Gaboriau va souvent peindre les rouages administratifs de la justice, des sergents de ville au juge d'instruction en passant par les agents de sûreté et les commissaires. En ce sens, l'appellation « roman judiciaire » se trouve justifiée.

5. Il peint de façon réaliste le criminel, ses mobiles et son action. L'enquêteur connaît le milieu criminel, parce qu'il l'a bien étudié et qu'il aurait même pu en faire partie. Cette nature double est une constante : elle permet une empathie,

une perspicacité, un pouvoir de pénétration des intentions criminelles.

6. Le crime a eu lieu avant que ne commence le récit et ce dernier est une construction rétrospective d'une histoire antérieure[1]. Gaboriau va même entremêler ses romans policiers de romans historiques, tant l'explication du crime remonte parfois loin dans le temps. Dans *Monsieur Lecoq*, 500 pages sur 800 relatent une action située 40 ans avant les meurtres sur lesquels on enquête.

7. L'enquêteur peut être marié, mais il s'agit plus souvent d'un célibataire.

8. L'enquête peut se dérouler à la campagne, mais règle générale, le crime et l'enquête ont lieu dans une grande ville, Paris de préférence.

9. La vertu, la recherche de la vérité ou le rétablissement de l'ordre sont les principales motivations de ses enquêteurs. Celle d'un avancement hiérarchique au sein de la police revient aussi. Ces mêmes enquêteurs n'évoquent jamais la question de leur salaire ou d'une somme d'argent qu'on leur verserait.

10. Évidemment, la fin du roman coïncide avec la résolution de l'affaire par l'enquêteur.

On retrouve dans *Le Petit Vieux des Batignolles* toutes les caractéristiques d'un genre pourtant naissant ! Par exemple, le premier point est doublement illustré dans le roman. Godeuil est bien entendu un amateur, tandis que Méchinet, même s'il est mandaté par le juge d'instruction, semble travailler en parallèle : il interroge Monistrol juste après le juge d'instruction, mais avec une méthode et des intentions presque contraires (chapitre 6). Il serait sans doute prématuré, au stade de l'introduction, de s'arrêter à chacune des caractéristiques du genre auxquelles *Le Petit Vieux des Batignolles* satisfait. Nous y reviendrons dans l'analyse des extraits.

---

1. Voir l'analyse classique de Tzvetan Todorov, « Typologie du roman policier », *Poétique de la prose* suivi de *Nouvelles Recherches sur le récit*, Paris, Seuil, coll. « Points », 1971, 1978, p. 9-19.

On peut toutefois noter que ces différentes caractéristiques illustrent un conformisme bourgeois sécurisant : *la police veille*. L'évolution anglo-saxonne du roman policier, de la fin du XIXᵉ siècle jusqu'au milieu du XXᵉ siècle, en figea les formes, les procédés et les personnages, rendant parfois bien juste la critique selon laquelle le genre est stéréotypé. Par exemple, les enquêteurs célibataires, incapables de s'attacher sentimentalement, sont innombrables : Holmes ou Poirot affichent tous les deux une excentricité de dandy (condensée par le violon de l'un et les moustaches lustrées de l'autre...).

LA FORME DES MÉMOIRES ET
LE PETIT VIEUX DES BATIGNOLLES

Le Petit Vieux des Batignolles devait être à l'origine le premier chapitre d'un long roman construit sous forme de mémoires. Chaque chapitre aurait narré une aventure dans la vie professionnelle de Godeuil, sa vie d'agent de sûreté. Ce choix formel résulte sans doute de la lecture de plusieurs véritables mémoires, dont ceux de Vidocq (1828), chef de la Sûreté de Paris. Ce dernier inspira à Balzac le personnage de Vautrin dans *Le Père Goriot* (1834-1835) et dans *Splendeurs et misères des courtisanes* (1838-1847), et à Hugo le personnage de Jean Valjean dans *Les Misérables* (1862). Gaboriau fait de son personnage de Tabaret, dans *L'Affaire Lerouge*, un lecteur de ces mémoires de policiers où il prétend puiser sa science.

Les mémoires s'apparentent à des genres connus comme l'histoire et l'autobiographie. La première se veut objective ; la seconde, relatant l'aventure d'un individu, est subjective. Les mémoires sont entre les deux : ils veulent situer le sujet dans l'histoire pour en faire un témoin privilégié. Le rédacteur de mémoires ne cherche pas à rendre compte de toute sa vie, mais seulement de ce qui peut la rendre exemplaire, intéressante pour le public. La forme des mémoires est aujourd'hui désuète, mais l'écriture au « je » est par contre plus vive que jamais : bien des auteurs actuels s'amusent à s'introduire dans leur fiction, à mélanger leur vie véritable à des éléments purement imaginaires. Dans le domaine québécois, Christian Mistral (*Vamp*, 1988) et Dany Laferrière (*Pays sans chapeau*, 1996) l'ont fait à maintes reprises.

Caricature représentant Gaboriau au sommet de son art, chevauchant un coq de bruyère pour faire référence à son personnage de Lecoq. Gravure d'A. Lemot, première page du *Monde pour rire*, 23 mai 1868.

PMVP / Cliché : 2004 CAR 0278.

Situé entre histoire et autobiographie, le lecteur actuel de mémoires devrait douter de la vérité de ce qu'il lit. Mais les lecteurs de Godeuil n'en doutèrent sûrement pas. D'autant plus que le réalisme de l'œuvre était renforcé par la recherche de l'auteur, lors du canular publicitaire évoqué précédemment, et par toute l'autorité de la rédaction du *Petit Journal*. L'**effet de réel** si cher au roman policier fut rarement aussi fort.

L'EFFET DE RÉEL

L'effet* de réel, recherché dans les faux mémoires, contribue à la force du roman policier, de ses origines à nos jours. Les mémoires ont l'avantage de communiquer au lecteur le réel directement vécu par les yeux d'un témoin qui prend la plume. On peut songer aux aventures du chevalier Dupin, le détective de Poe, narrées par son ami intime.

C'est ce mécanisme que comprit à merveille Conan Doyle en faisant du docteur Watson le mémorialiste des aventures de Sherlock Holmes. Il fallait au roman policier le regard d'un témoin. L'inspecteur principal n'était pas bien placé pour témoigner lui-même de ses aventures, surtout s'il était un être hors du commun. Le mémorialiste, avec sa naïveté et son intelligence bien ordinaire, apparaissait comme un personnage transitionnel important pour le lecteur, une sorte de faire-valoir, d'intermédiaire, d'Hermès pouvant le guider dans les méandres de l'énigme que dénoue l'enquêteur. La formule des mémoires connut même une anomalie étonnante avec la publication d'un recueil de nouvelles intitulé *Mémoires de Sherlock Holmes* où Holmes n'était pas le narrateur. Logiquement, ce sont les mémoires de Watson...

On peut aussi songer aux aventures d'Hercule Poirot écrites par Agatha Christie, souvent contées par le capitaine Hastings – ou en son absence, dans *Le Meurtre de Roger Ackroyd*, de façon étonnante par le docteur Sheppard.

Le roman de Gaboriau, *Le Petit Vieux des Batignolles*, présente bien un personnage qui va raconter ses propres aventures. Mais ici, celui qui mène les interrogatoires et initie le personnage à la vie de l'agent de sûreté, Méchinet, est le véritable héros.

Godeuil est dans la position intéressante de celui qui fait l'apprentissage de son métier auprès d'un maître : il narre à la fois ses découvertes et celles de son voisin, bien supérieures aux siennes.

Enfin, le vocabulaire judiciaire est aussi un élément non négligeable qui contribue au réalisme de l'apprentissage de Godeuil. Il décrit à la fois le système judiciaire et le milieu carcéral. Le système judiciaire est bien sûr représenté par des sergents de ville, des agents de sûreté, des juges d'instruction, des commissaires et des greffiers. Quant au milieu carcéral, il est peuplé de prévenus qu'on « emballe » au nom de la loi grâce à des mandats. On verra par des appels de note que Gaboriau ne s'appuie pas toujours sur une documentation de première main, mais il réussit à créer l'illusion d'une enquête au sein de la police grâce aux termes qu'il utilise. La visite rue de Jérusalem, aux cellules du secret, semble ainsi très réaliste, à défaut de l'être.

LE STYLE DE GABORIAU DANS *LE PETIT VIEUX DES BATIGNOLLES*

Les romans-feuilletons étaient embarrassés d'éléments mélodramatiques et de coups de théâtre. Les amours contrariées, les orphelins de noble maison ignorant leur condition, les misères de la pauvreté, l'injustice de l'employeur ou de la belle-mère, les revirements de situation, les hasards merveilleux, les retrouvailles, tout cela contribuait à faire soupirer les lecteurs. Il fallait les faire palpiter et les faire pleurer, de jour en jour, de semaine en semaine. En regard de ces contraintes, Gaboriau voulut resserrer l'action, épurer le fil de l'intrigue pour qu'il se perde moins en histoires secondaires. En cela, la brièveté du *Petit Vieux des Batignolles* est exemplaire et se manifeste autant dans son resserrement dramatique que dans sa phrase.

Dans son roman, Gaboriau privilégie la rapidité. L'enquête est menée dans l'urgence, faite de déplacements et d'interrogatoires avec plusieurs personnes. Les descriptions sont brèves, si bien mêlées à l'action qu'elles y contribuent. Les paragraphes sont courts et très nombreux. Les phrases elles-mêmes s'alourdissent rarement de subordonnées. Le niveau de langue littéraire fait parfois sourire, mais il n'est pas un frein à la lecture : Gaboriau ne parsème pas son texte de figures de style nombreuses et compliquées. Ses effets sont simples, ceux que la masse des lecteurs est apte à déchiffrer sans effort, sans avoir besoin de relire deux fois la phrase. La métaphore* ou la comparaison* sont presque du domaine public et n'engendrent aucun conflit interprétatif (« prompt comme l'éclair », ligne 497 ; « elle bondit comme une lionne », ligne 604, etc.). La rapidité du style est même repérable jusque dans l'abus des points de suspension, comme si l'écriture, les mots eux-mêmes étaient trop lents à rendre compte de l'histoire. Les personnages agissent, se dépensent. La réflexion n'a rien de la contemplation poétique ou philosophique : un objet toujours l'oriente pour la rendre utile. Le roman en entier pointe vers sa fin qui est de découvrir la vérité, d'arrêter le criminel. Et c'en est même une contradiction au sein du feuilleton, qui, par définition, s'égarait en digressions, retardant le plus possible sa fin par ses nombreuses histoires secondaires.

QUELQUES PRÉCISIONS PRATIQUES

Quelques mots en terminant sur la version du texte que nous reproduisons. *Le Petit Journal* publia *Le Petit Vieux des Batignolles* du 8 au 19 juillet 1870. La guerre franco-prussienne interrompant la suite des *Mémoires* de Godeuil, Gaboriau abandonna la rédaction du roman. Nous nous sommes appuyés ici sur la première version publiée en livre, en 1876, par Édouard Dentu.

De plus, notre édition se démarque des autres actuellement disponibles sur le marché. Elle identifie clairement (et pour la première fois) l'auteur de la présentation, Thomas Grimm, présentation autrefois attribuée à Émile Gaboriau lui-même. L'avant-propos de Godeuil est également conforme à l'édition de 1876 (et au texte publié dans *Le Petit Journal* en 1870) en laissant les astérisques que d'autres éditions contemporaines ont supprimés.

Les notes de bas de page ont été conçues pour clarifier la compréhension du contexte socio-historique et pour aplanir les difficultés linguistiques. Nous avons utilisé le *Petit Robert 1* (édition de 1996), le *Littré* (édition abrégée de 1959) et le *Dictionnaire historique de la langue française* (édition de 1993). On se reportera au Glossaire des notions littéraires, en annexe, pour l'explication des mots suivis d'un astérisque.

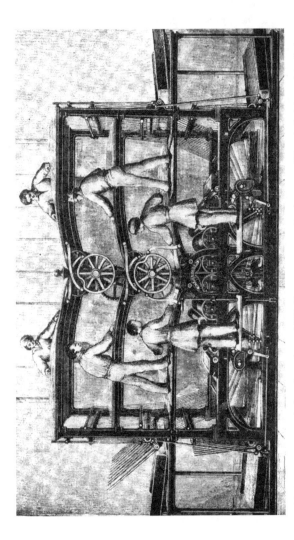

Machine à imprimer *Le Petit Journal*, vers 1870. Gravure anonyme. Le tirage quotidien du *Petit Journal* atteignit 470 000 exemplaires en 1870. La rapidité d'impression et la diffusion à un prix très bas apportèrent un immense succès populaire aux romans judiciaires de Gaboriau.

Roger-Viollet / 1669-2.

PREMIÈRE PARTIE

Le Petit Vieux
des Batignolles

Le Petit Vieux des Batignolles

———

Un chapitre
des
Mémoires d'un agent de la sûreté

J.-B. Casimir Godeuil

Il y a de cela trois ou quatre mois, un homme d'une quarantaine d'années, correctement vêtu de noir, se présentait aux bureaux de rédaction du *Petit Journal*.

Il apportait un manuscrit d'une écriture à faire pâmer d'aise[1]
5   l'illustre Brard, le prince des calligraphes.

– Je repasserai, nous dit-il, dans une quinzaine, savoir ce que vous pensez de mon travail.

*
* *

Religieusement, le manuscrit fut placé dans le carton des « ouvrages à lire », personne n'ayant eu la curiosité d'en dé
10   nouer la ficelle...

Et le temps passa...

Je dois ajouter qu'on dépose beaucoup de manuscrits au *Petit Journal*, et que l'emploi de lecteur n'y est pas une sinécure.

*
* *

15   Le monsieur, cependant, ne reparut pas, et on l'avait oublié, quand un matin, celui de nos collaborateurs qui est chargé des lectures nous arriva tout émoustillé.

– Par ma foi! s'écria-t-il en entrant, je viens de lire quelque chose de véritablement extraordinaire.

20   – Quoi donc? lui demandâmes-nous.

———

1. *pâmer d'aise* : être paralysé par le contentement, l'admiration.

— Le manuscrit de ce monsieur, vous savez, tout de noir habillé... Ah! il n'y a pas à m'en défendre[1], j'ai été empoigné!...

Et comme nous le raillions de son enthousiasme, lui qui par état[2] ne s'enthousiasme guère, il jeta le manuscrit sur la table en nous disant :

— Lisez plutôt !...

*
* *

C'en était assez pour nous intriguer sérieusement.

L'un de nous s'empara du manuscrit et à la fin de la semaine il avait fait le tour de la rédaction.

Et l'avis unanime fut :

« Il faut absolument que *Le Petit Journal* publie cela. »

*
* *

Mais ici une difficulté se présenta que personne n'avait prévue : le manuscrit ne portait pas de nom d'auteur.

Une carte de visite seulement y était jointe, où on lisait :

J.-B. CASIMIR GODEUIL.

D'adresse point.

Que faire? Publier le travail sans en connaître l'auteur?... C'était scabreux. Pour chaque ligne imprimée, il faut un homme qui en endosse la responsabilité.

Il fut donc convenu qu'on rechercherait ce trop modeste auteur et durant quelques jours la direction du *Petit Journal* s'informa et envoya aux renseignements[3] de tous côtés.

Rien... Personne ne connaissait J.-B. Casimir Godeuil.

*
* *

---

1. *m'en défendre* : m'en justifier, *en* étant mis pour « d'avoir eu du plaisir ».

2. *état* : métier, profession.

3. *envoya aux renseignements* : alla aux renseignements.

C'est alors, et en désespoir de cause, que furent apposées
45   les énigmatiques affiches qui, pendant une semaine, ont tant
intrigué Paris – et aussi un peu la province.

« Qui peut être, se demandait-on, ce J.-B. Casimir Godeuil
qu'on réclame ainsi ? »

Les uns tenaient pour[1] un enfant prodigue[2] enfui de la mai-
50   son paternelle, d'autres pour un introuvable héritier, le plus
grand nombre pour un caissier envolé...

Mais notre but était rempli.

La colle des affiches n'était pas sèche encore, que M. J.-B.
Casimir Godeuil accourait, et que *Le Petit Journal* traitait avec
55   lui pour la publication du drame intitulé *Le Petit Vieux des
Batignolles* qui commençait la série de ses *Mémoires***.

Ceci dit, nous laissons la parole à J.-B. Casimir Godeuil. Il
avait fait précéder son récit de la courte préface suivante que
nous avons cru devoir conserver parce qu'elle fait connaître
60   ce qu'il était et quel but très louable il poursuivait en écrivant
ses souvenirs.

Thomas Grimm[3]

** Malheureusement J.-B. Casimir Godeuil, qui avait promis d'apporter la suite de son
manuscrit, a complètement disparu, et toutes les démarches tentées pour le retrou-
ver sont restées infructueuses. Nous nous sommes néanmoins décidé à publier son
unique récit qui contient un drame des plus émouvants. (*Note de l'Éditeur*[4].)

---

1. *tenaient pour* : soutenaient qu'il s'agissait de.

2. *enfant prodigue* : allusion biblique. Personne, enfant que l'on accueille avec joie à son
retour au foyer qu'il avait quitté depuis longtemps.

3. *Thomas Grimm* : pseudonyme d'Amable Escoffier (1837-1891), journaliste de carrière. Au printemps 1869, il remplaça le chroniqueur Timothée Trimm (pseudonyme
de Léo Lespès) qui tenait une chronique très appréciée à la une du *Petit Journal*.
Thomas Grimm était un pseudonyme qui rappelait celui de son prédécesseur et em-
brouilla sans doute les lecteurs les moins attentifs. Il est remarquable que ni l'édition Dentu (1876) ni l'édition Gallimard (2001) n'aient mentionné que cette présentation était le travail de Grimm, laissant croire qu'il s'agissait d'un texte de Gaboriau.

4. Éditeur : il s'agit de l'éditeur Dentu qui publia en livre *Le Petit Vieux des Batignolles*
pour la première fois en 1876.

Avant-propos

On venait d'amener un prévenu devant le juge d'instruction, et malgré ses dénégations, ses ruses et un alibi qu'il invoquait, il fut convaincu de faux et de vol avec effraction.

65   Accablé par l'évidence des charges que j'avais réunies contre lui, il avoua son crime en s'écriant :

– Ah ! si j'avais su de quels moyens disposent la justice et la police, et combien il est impossible de leur échapper, je serais resté honnête homme.

70   C'est en entendant cette réponse que l'idée me vint de recueillir mes souvenirs.

« Il faut qu'on sache !... » me disais-je.

Et en publiant aujourd'hui mes Mémoires, j'ai l'espérance, je dirai plus, j'ai la conviction d'accomplir une œuvre morale 75 d'une haute utilité.

N'est-ce pas être utile, en effet, que de dépouiller le crime de sa sinistre poésie[1], et de le montrer tel qu'il est : lâche, ignoble, abject, repoussant ?...

N'est-ce pas être utile que de prouver qu'il n'est pas au 80 monde d'êtres aussi misérables que les insensés qui ont déclaré la guerre à la société ?

Voilà ce que je prétends faire.

J'établirai irrécusablement[2] qu'on a tout intérêt – et je dis un intérêt immédiat, positif, mathématique[3], escomptable 85 même – à être honnête.

---

1. *poésie* : se dit de tout ce qu'il y a d'élevé et de touchant. (*Littré*)

2. *irrécusablement* : de façon irrécusable. L'adverbe n'est plus en usage.

3. *mathématique* : logique.

Je démontrerai clair comme le jour qu'avec notre organisation sociale, grâce au chemin de fer[1] et au télégraphe électrique[2], l'impunité est impossible.

Le châtiment peut se faire attendre... il vient toujours.

90   Et alors, sans doute, il se rencontrera des malheureux qui
réfléchiront avant de s'abandonner...

Plus d'un, que le faible murmure de sa conscience n'eût pas
retenu, sera arrêté par la voix salutaire de la peur...

Dois-je expliquer maintenant ce que sont ces souvenirs ?

95   J'essaye de décrire les luttes, le succès et les défaites d'une
poignée d'hommes dévoués, chargés d'assurer la sécurité de
Paris.

Combien sont-ils pour tenir en échec tous les malfaiteurs
d'une capitale qui, avec sa banlieue, compte plus de trois mil-

100 lions d'habitants[3] ?

Ils sont deux cents[4].

C'est à eux que je dédie ce livre.

Et ceci dit, je commence.

---

1. *chemin de fer* : ses débuts datent de 1828 en France. À partir de 1832, la construction d'un réseau étendu, rayonnant à partir de Paris, sera entreprise. Au 31 décembre
   1869, on compte 16 938 km de chemin de fer à vocation nationale et 1173 km de
   chemin de fer à vocation locale. À la même date, on calcule que le réseau s'accroît
   de 808 km par an en moyenne.

2. *télégraphe électrique* : la formulation tient du pléonasme. Le télégraphe fut créé en
   1837 par Samuel Morse. Une première ligne fut installée en France en 1845 entre
   Paris et Rouen. Le premier câble transatlantique français fut installé entre Brest et
   Saint-Pierre-et-Miquelon en 1869.

3. *trois millions d'habitants* : Paris s'était agrandi en 1860 en intégrant une partie des vil-
   lages voisins. De nouvelles banlieues avaient vu le jour par la suite. La statistique
   officielle établit la population de Paris à deux millions en 1870. Le chiffre de Godeuil
   est donc exagéré.

4. *deux cents* : Godeuil sous-estime grandement les forces de l'ordre puisqu'on compte
   5768 sergents de ville en 1867. À ces sergents s'ajoutent les inspecteurs (ou agents
   de sûreté) et les commissaires. Peut-être ne tient-il compte que des inspecteurs, qui
   ne sont que 96 vers 1860 ?

Chapitre 1

105　　Lorsque j'achevais mes études pour devenir officier de santé
– c'était le bon temps, j'avais vingt-trois ans –, je demeurais
rue Monsieur-le-Prince, presque au coin de la rue Racine[1].

J'avais là, pour trente francs par mois, service compris, une
chambre meublée qui en vaudrait bien cent aujourd'hui ; si
vaste que je passais très aisément les manches de mon pale-
110　tot sans ouvrir la fenêtre.

Sortant de bon matin pour suivre les visites de mon hôpital[2],
rentrant fort tard parce que le café Leroy avait pour moi d'ir-
résistibles attraits, c'est à peine si je connaissais de vue les
locataires de ma maison, gens paisibles tous, rentiers ou
115　petits commerçants.

Il en est un, cependant, avec qui, peu à peu, je finis par me
lier.

C'était un homme de taille moyenne, à physionomie insi-
gnifiante, toujours scrupuleusement rasé, et qu'on appelait,
120　gros comme le bras[3], monsieur Méchinet.

Le portier[4] le traitait avec une considération toute particulière, et ne manquait jamais, quand il passait devant sa loge,
de retirer vivement sa casquette.

L'appartement de monsieur Méchinet ouvrant sur mon
125　palier, juste en face de la porte de ma chambre, nous nous
étions à diverses reprises trouvés nez à nez. En ces occasions,
nous avions l'habitude de nous saluer.

---

1. *rue Monsieur-le-Prince, [...] rue Racine* : ces rues existent encore. Leur intersection est tout près du nord du jardin du Luxembourg, au centre de Paris.

2. *suivre les visites de mon hôpital* : *suivre* est ici pris au sens d'être attentif ; Godeuil est étudiant en médecine, ces visites à l'hôpital constituent donc des cours à « suivre ». Autre sens possible : « suivre », avec ses confrères étudiants, son professeur-médecin lors de ses visites obligatoires à l'hôpital.

3. *gros comme le bras* : « Se dit ironiquement pour accompagner une appellation flat-teuse. » (*Robert*) Au Québec, l'expression est aujourd'hui courante et familière.

4. *portier* : le concierge qui agissait comme portier, gardien de la porte principale.

Un soir, il entra chez moi me demander quelques allumettes ; une nuit, je lui empruntai du tabac ; un matin, il nous
130   arriva de sortir en même temps et de marcher côte à côte un
bout de chemin en causant...

Telles furent nos premières relations.

Sans être ni curieux ni défiant – on ne l'est pas à l'âge que
j'avais alors –, on aime à savoir à quoi s'en tenir sur le compte
135   des gens avec lesquels on se lie.

J'en vins donc naturellement, non pas à observer l'existence
de mon voisin, mais à m'occuper de ses faits et gestes.

Il était marié, et madame Caroline Méchinet, blonde et
blanche, petite, rieuse et dodue, paraissait adorer son mari.
140   Mais la conduite de ce mari n'en était pas plus régulière.
Fréquemment il décampait avant le jour et souvent le soleil
était levé quand je l'entendais regagner son domicile. Parfois
il disparaissait des semaines entières...

Que la jolie petite madame Méchinet tolérât cela, voilà ce
145   que je ne pouvais concevoir.

Intrigué, je pensai que notre portier, bavard d'ordinaire
comme une pie, me donnerait quelques éclaircissements.

Erreur !... À peine avais-je prononcé le nom de Méchinet
qu'il m'envoya promener de la belle façon, me disant, en rou-
150   lant de gros yeux, qu'il n'était pas dans ses habitudes de « mou-
charder » ses locataires.

Cet accueil redoubla si bien ma curiosité que, bannissant
toute vergogne[1], je m'attachai à épier mon voisin.

Alors, je découvris des choses qui me parurent énormes.
155   Une fois, je le vis rentrer habillé à la dernière mode, la bou-
tonnière endimanchée de cinq ou six décorations ; le sur-
lendemain, je l'aperçus dans l'escalier vêtu d'une blouse
sordide et coiffé d'un haillon de drap qui lui donnait une mine
sinistre.

---

1. *vergogne* : (vx) honte.

160   Et ce n'est pas tout. Par une belle après-midi, comme il sortait, je vis sa femme l'accompagner jusqu'au seuil de leur appartement, et là l'embrasser avec passion, en disant :

– Je t'en supplie, Méchinet, sois prudent, songe à ta petite femme !

165   Sois prudent !.... Pourquoi ?... À quel propos ? Qu'est-ce que cela signifiait ?... La femme était donc complice !...

Ma stupeur ne devait pas tarder à redoubler.

Une nuit, je dormais profondément, quand soudain on frappa à ma porte à coups précipités.

170   Je me lève, j'ouvre...

Monsieur Méchinet entre, ou plutôt se précipite chez moi, les vêtements en désordre et déchirés, la cravate et le devant de sa chemise arrachés, la tête nue, le visage tout en sang...

– Qu'arrive-t-il ? m'écriai-je épouvanté.

175   Mais lui, me faisant signe de me taire :

– Plus bas !... dit-il, on pourrait vous entendre... Ce n'est peut-être rien quoique je souffre diablement... Je me suis dit que vous, étudiant en médecine, vous sauriez sans doute me soigner cela...

180   Sans mot dire, je le fis asseoir, et je me hâtai de l'examiner et de lui donner les soins nécessaires.

Encore qu'il y eût eu une grande effusion de sang, la blessure était légère... Ce n'était, à vrai dire, qu'une éraflure superficielle partant de l'oreille gauche et s'arrêtant à la commissure des lèvres.

185

Le pansement terminé :

– Allons, me voilà encore sain et sauf pour cette fois, me dit monsieur Méchinet. Mille remerciements, cher monsieur Godeuil. Surtout, de grâce, ne parlez à personne de ce petit accident, et... bonne nuit.

190

Bonne nuit !... Je songeais bien à dormir, vraiment !

Quand je me rappelle tout ce qu'il me passa par la cervelle d'hypothèses saugrenues et d'imaginations romanesques, je ne puis m'empêcher de rire.

195   Monsieur Méchinet prenait dans mon esprit des propor-
tions fantastiques.

Lui, le lendemain, vint tranquillement me remercier encore
et m'invita à dîner.

Si[1] j'étais tout yeux et tout oreilles en pénétrant dans l'in-
200   térieur de mes voisins, on le devine. Mais j'eus beau concen-
trer toute mon attention, je ne surpris rien de nature à dis-
siper le mystère qui m'intriguait si fort.

À dater de ce dîner, cependant, nos relations furent plus
suivies. Décidément, monsieur Méchinet me prenait en
205   amitié. Rarement une semaine s'écoulait sans qu'il m'emme-
nât manger sa soupe, selon son expression, et presque tous
les jours, au moment de l'absinthe[2], il venait me rejoindre au
café Leroy, et nous faisions une partie de dominos.

C'est ainsi qu'un certain soir du mois de juillet, un vendredi,
210   sur les cinq heures, il était en train de me battre à plein double-
six[3], quand un estafier[4], d'assez fâcheuse mine, je le confesse,
entra brusquement et vint murmurer à son oreille quelques
mots que je n'entendis pas.

Tout d'une pièce et le visage bouleversé, monsieur Méchinet
215   se dressa.

– J'y vais, fit-il ; cours dire que j'y vais.

L'homme partit à toutes jambes, et alors me tendant la
main :

– Excusez-moi, ajouta mon vieux voisin, le devoir avant
220   tout... nous reprendrons notre partie demain.

---

1. *Si* : cette conjonction de subordination a ici un emploi exclamatif : combien, comme.
   Donc : *On devine combien j'étais tout yeux...*

2. *au moment de l'absinthe* : au moment de l'apéritif. L'absinthe était un alcool très en
   vogue au XIXᵉ siècle. Étant donné ses ravages (voir *L'Assommoir* d'Émile Zola), sa production et sa vente furent interdites en France en 1915.

3. (*se faire*) *battre à plein double-six* : les dominos traditionnels sont aussi appelés « le
   double-six » ; l'expression signifierait « se faire battre à plate couture (*à plein*) au double-
   six ».

4. *estafier* : « En France, en mauvaise part, laquais de haute taille. » (*Littré*)

Et comme, tout brûlant de curiosité, je témoignais beaucoup de dépit, disant que je regrettais bien de ne le point
accompagner :

— Au fait, grommela-t-il, pourquoi pas ? Voulez-vous
225   venir ? Ce sera peut-être intéressant...

Pour toute réponse, je pris mon chapeau et nous sortîmes...

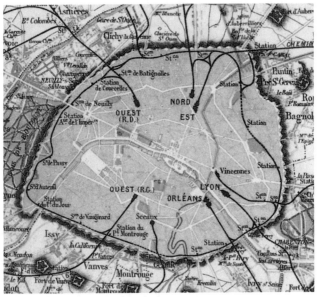

L'action du *Petit Vieux des Batignolles* se déroule dans le village
des Batignolles-Monceaux. Il est situé au nord-est de l'ancienne limite
de Paris, formée par l'enceinte des Fermiers généraux.
Cette carte représente Paris après l'agrandissement des limites
de la ville en 1860, alors que le village des Batignolles est devenu
le XVIIe arrondissement.

PMVP/1987 CAR 0492.

Chapitre 2

Certes, j'étais loin de me douter que je hasardais là une de ces démarches insignifiantes, en apparence, qui ont sur la vie entière une influence décisive.

230 « Pour le coup, pensais-je à part moi, je tiens le mot de l'énigme !... »

Et tout plein d'une sotte et puérile satisfaction, je trottais comme un chat maigre aux côtés de monsieur Méchinet.

Je dis : je trottais, parce que j'avais fort à faire pour ne pas
235 me laisser distancer par le bonhomme[1].

Il allait, il allait, tout le long de la rue Racine, bousculant les passants, comme si sa fortune eût dépendu de ses jambes.

Place de l'Odéon, par bonheur, un fiacre nous croisa.

240 Monsieur Méchinet l'arrêta, et ouvrant la portière :

– Montez, monsieur Godeuil, me dit-il.

J'obéis, et il prit place à mes côtés après avoir crié au cocher, d'un ton impératif :

– Rue Lécluse[2], 39, aux Batignolles[3]... et, bon train[4] !

---

1. *bonhomme* : « Homme plein de bonté, de facilité. » (*Littré*) Le terme n'a rien de familier ici.

2. *Rue Lécluse* : cette rue débouche sur le boulevard des Batignolles dans le quartier du même nom, aujourd'hui le XVIIᵉ arrondissement.

3. *Batignolles* : rattaché à Paris en 1860, le village des Batignolles-Monceaux était « un univers assez pittoresque où des rues trop neuves ne menaient qu'à des potagers trop vieux et à des terrains très vagues » (Jean-Paul Clébert, *La Littérature à Paris*, p. 164). On y trouve plusieurs guinguettes et ateliers, car le vin et les matières premières n'y sont pas frappés d'une taxe d'entrée (l'octroi) comme toute marchandise traversant l'enceinte des Fermiers Généraux. *L'Annuaire des Batignolles-Monceaux* de 1857 en dresse un portrait idyllique : « [I]l reçoit pendant huit mois de l'année, du point culminant qu'il occupe, l'air pur de la campagne. Aussi la population est-elle composée principalement de commerçants retirés [ce sera le cas du vieux Pigoreau], de rentiers, d'officiers retraités et d'employés qui sont venus y chercher le repos après une vie active. » (Simone Granboulan-Féral *et al.*, *Vie et histoire du XVIIᵉ arrondissement*, p. 30)

4. *(aller) bon train* : (aller) vite.

245   La longueur de la course arracha au cocher un chapelet de
jurons. N'importe, il étrilla ses rosses d'un maître coup de fouet
et la voiture roula.

– Ah ! c'est aux Batignolles que nous allons ? demandai-je
alors avec un sourire de courtisan.

250   Mais monsieur Méchinet ne me répondit pas ; je doute
même qu'il m'entendît.

Une métamorphose complète s'opérait en lui. Il ne paraissait
pas ému, précisément, mais ses lèvres pincées et la contraction de ses gros sourcils en broussaille trahissaient une poi-
255   gnante préoccupation. Ses regards, perdus dans le vide, y semblaient étudier les termes de quelque problème insoluble.

Il avait tiré sa tabatière, et incessamment il y puisait
d'énormes prises[1], qu'il pétrissait entre l'index et le pouce, qu'il
massait, qu'il portait à son nez et que pourtant il n'aspirait pas.

260   Car c'était chez lui un tic que j'avais observé et qui me
réjouissait beaucoup.

Ce digne homme, qui avait le tabac en horreur, était toujours armé d'une tabatière de financier de vaudeville[2].

Lui advenait-il quelque chose d'imprévu, d'agréable ou de
265   fâcheux, crac, il la sortait de sa poche et paraissait priser avec
fureur.

Souvent, la tabatière était vide, son geste restait le même.

J'ai su, plus tard, que c'était un système à lui, pour dissimuler ses impressions et détourner l'attention de ses inter-
270   locuteurs.

Nous avancions, cependant...

---

1. *prises* : pincées de tabac que l'on aspire par le nez.
2. *tabatière de financier de vaudeville* : tabatière grotesque, ridicule, exagérée, ce qui ex-
pliquerait les « énormes » (ligne 258) et « fantastiques » (ligne 339) prises de Méchinet.

Le fiacre remontait non sans peine la rue de Clichy... Il traversa le boulevard extérieur[1], s'engagea dans la rue de Lécluse, et ne tarda pas à s'arrêter à quelque distance de
275 l'adresse indiquée.

Aller plus loin était matériellement impossible, tant la rue était obstruée par une foule compacte.

Devant la maison portant le numéro 39, deux ou trois cents personnes stationnaient, le cou tendu, l'œil brillant, haletantes
280 de curiosité, difficilement contenues par une demi-douzaine de sergents de ville[2], qui multipliaient en vain et de leur plus rude voix leurs : « Circulez, messieurs, circulez !.... »

Descendus de voiture, nous nous approchâmes, nous faufilant péniblement à travers les badauds.

285 Déjà, nous touchions la porte du numéro 39, quand un sergent de ville nous repoussa rudement.

– Retirez-vous !... On ne passe pas !...

Mon compagnon le toisa et, se redressant :

– Vous ne me connaissez donc pas ? fit-il. Je suis Méchinet,
290 et ce jeune homme – il me montrait – est avec moi.

– Pardon !... Excusez !... balbutia l'agent en portant la main à son tricorne[3], je ne savais pas... donnez-vous la peine d'entrer.

Nous entrâmes.

---

1. *le boulevard extérieur* : l'actuel boulevard des Batignolles. Il est appelé boulevard extérieur parce qu'il appartient au long boulevard de 60 mètres de largeur longeant l'enceinte des Fermiers Généraux érigée en 1787. La démolition de cette enceinte débuta en 1860 alors que la ville de Paris était défendue par une enceinte de 39 kilomètres, l'enceinte de Thiers, située approximativement sur les limites actuelles de la ville. Comme les événements rapportés par les *Mémoires* de Godeuil se sont déroulés avant 1860, ce n'est pas un contre-sens, à cette époque, de parler de boulevard extérieur.

2. *sergents de ville* : les policiers de l'époque (voir la note 4, p. 24).

3. *tricorne* : contrairement à ce qu'on peut penser, les sergents de ville n'ont pas toujours eu d'uniforme distinctif. Mais les confusions et les interventions difficiles obligèrent le port d'un uniforme à partir de 1829. Méchinet, qui est agent de sûreté, modifie son apparence au gré de ses enquêtes ; il n'a que sa réputation pour se faire reconnaître. Cela semble peu réaliste compte tenu du grand nombre de sergents de ville (voir la note 4, p. 24).

295   Dans le vestibule, une puissante commère, la concierge évidemment, plus rouge qu'une pivoine, pérorait et gesticulait
au milieu d'un groupe de locataires de la maison.

– Où est-ce ? lui demanda brutalement monsieur Méchinet.

– Au troisième, cher monsieur, répondit-elle ; au troisième,
300   la porte à droite. Jésus mon Dieu ! quel malheur !... dans une
maison comme la nôtre ! Un si brave homme !

Je n'en entendis pas davantage. Monsieur Méchinet s'était
élancé dans les escaliers, et je le suivais, montant quatre à
quatre, le cœur me battant à me couper la respiration.

305   Au troisième étage, la porte de droite était ouverte.

Nous entrons, nous traversons une antichambre, une salle
à manger, un salon, et enfin nous arrivons à une chambre à
coucher...

Je vivrais mille ans, que je n'oublierais pas le spectacle qui
310   frappa mes yeux... Et en ce moment même où j'écris, après
bien des années, je le revois jusqu'en ses moindres détails.

À la cheminée faisant face à la porte, deux hommes étaient
accoudés : un commissaire de police, ceint de son écharpe[1],
et un juge d'instruction[2].

315   À droite, assis à une table, un jeune homme, le greffier[3],
écrivait.

---

1. *écharpe* : écharpe tricolore, aux trois couleurs de l'État français, portée sur la poitrine
ou le ventre par les commissaires.

2. *juge d'instruction* : il participe à l'enquête que mène le commissaire. Il ne juge pas les
auteurs d'infraction, mais instruit les affaires qui lui sont confiées, c'est-à-dire qu'il
les constitue en une cause, les rend aptes à être jugées. Son statut est ambivalent puisqu'il doit garantir les droits des individus face aux pouvoirs répressifs qu'il représente pourtant, en disposant de pouvoirs préjudiciables aux libertés (voir la note 1,
p. 94).

3. *greffier* : « Le rôle du greffier est primordial. Outre la mise en forme des dossiers, c'est
lui qui adresse les convocations, notifie certaines ordonnances et transcrit sous la
dictée les déclarations reçues par le juge dans des procès-verbaux, la procédure étant
écrite. Il forme avec le juge un véritable tandem. » (Renaud Van Ruymbeke, *Le Juge
d'instruction*, p. 45)

Le commissaire de police, ceint de l'écharpe tricolore, est ici
représenté en homme plein de morgue. Lithographie de Traviès.
PMVP/2004 CAR 0277.

Au milieu de la pièce, sur le parquet, gisait dans une mare
de sang coagulé et noir le cadavre d'un vieillard à cheveux
blancs... Il était étendu sur le dos, les bras en croix.

320   Terrifié, je demeurai cloué sur le seuil, si près de défaillir
que, pour ne pas tomber, je fus obligé de m'appuyer contre
l'huisserie.

Ma profession m'avait familiarisé avec la mort ; depuis longtemps déjà j'avais surmonté les répugnances de l'amphi-
325   théâtre[1], mais c'était la première fois que je me trouvais en face
d'un crime.

---

1. *amphithéâtre* : il s'agit de l'amphithéâtre universitaire où se pratiquent les dissections
qui instruisent les étudiants en médecine.

Car il était évident qu'un crime abominable avait été commis...

Moins impressionnable que moi, mon voisin était entré d'un
330 pas ferme.

— Ah! c'est vous, Méchinet, lui dit le commissaire de police, je regrette bien de vous avoir fait déranger.

— Pourquoi?

— Parce que nous n'aurons pas besoin de votre savoir-faire...
335 Nous connaissons le coupable, j'ai donné des ordres et il doit
être arrêté à l'heure qu'il est.

Chose bizarre! Au geste de monsieur Méchinet, on eût pu croire que cette assurance le contrariait... Il tira sa tabatière, prit deux ou trois de ses prises fantastiques, et dit:

340 — Ah! le coupable est connu!...

Ce fut le juge d'instruction qui répondit:

— Et connu d'une façon certaine et positive[1], oui, monsieur Méchinet... Le crime commis, l'assassin s'est enfui, croyant que sa victime avait cessé de vivre... il se trompait. La Providence[2]
345 veillait..., ce malheureux vieillard respirait encore...
Rassemblant toute son énergie, il a trempé un de ses doigts dans le sang qui s'échappait à flots de sa blessure, et là, sur le parquet, il a écrit avec son sang le nom de son meurtrier, le dénonçant ainsi à la justice humaine... Regardez plutôt.

350 Ainsi prévenu, j'aperçus ce que tout d'abord je n'avais pas vu.

Sur le parquet, en grosses lettres mal formées et cependant lisibles, on avait écrit avec du sang: MONIS...

— Eh bien?... interrogea monsieur Méchinet.

355 — C'est là, répondit le commissaire de police, le commencement du nom d'un neveu du pauvre mort... un neveu qu'il affectionnait, et qui se nomme Monistrol.

---

1. *positive*: qui a un caractère de certitude; certaine.
2. *La Providence*: il s'agit de la Providence divine; Dieu gouverne avec sagesse sa création.

– Diable !... fit mon voisin.

– Je ne suppose pas, reprit le juge d'instruction, que le mi-
360 sérable essaye de nier... les cinq lettres sont contre lui une
charge accablante... À qui, d'ailleurs, profite ce crime si
lâche ?... À lui seul, unique héritier de ce vieillard qui laisse,
dit-on, une grande fortune... Il y a plus : c'est hier soir que
l'assassinat a été commis... Eh bien ! hier soir, personne n'a
365 visité ce pauvre vieux que son neveu... La concierge l'a vu arriver vers neuf heures et ressortir un peu avant minuit...

– C'est clair, approuva monsieur Méchinet, c'est très clair,
ce Monistrol n'est qu'un imbécile.

Et, haussant les épaules :

370 – A-t-il seulement volé quelque chose ? demanda-t-il ;
a-t-il fracturé quelque meuble pour donner le change[1] sur le
mobile du crime ?...

– Rien, jusqu'ici, ne nous a paru dérangé, répondit le commissaire... Vous l'avez dit, le misérable n'est pas fort... dès qu'il
375 se verra découvert, il avouera.

Et là-dessus, le commissaire de police et monsieur
Méchinet se retirèrent dans l'embrasure de la fenêtre et s'en-
tretinrent à voix basse, pendant que le juge donnait quelques
indications à son greffier.

---

1. *donner le change* : « Faire prendre une chose pour une autre, tromper. » (*Robert*)

Chapitre 3

380   Désormais, j'étais fixé.

J'avais voulu savoir au juste ce que faisait mon énigmatique voisin..., je le savais.

Maintenant s'expliquaient le décousu de sa vie, ses absences, ses rentrées tardives, ses soudaines disparitions, les craintes
385   et la complicité de sa jeune femme, la blessure que j'avais soignée.

Mais que m'importait ma découverte !

Je m'étais remis peu à peu, la faculté de réfléchir et de délibérer m'était revenue, et j'examinais tout, autour de moi, avec
390   une âpre curiosité.

D'où j'étais, accoté contre le chambranle de la porte, mon regard embrassait l'appartement entier.

Rien, absolument rien, n'y trahissait une scène de meurtre.

Tout, au contraire, décelait l'aisance et en même temps des
395   habitudes parcimonieuses et méthodiques.

Chaque chose était en place ; il n'y avait pas un faux pli aux rideaux, et le bois des meubles étincelait, accusant des soins quotidiens.

Il paraissait évident, d'ailleurs, que les conjectures du juge
400   d'instruction et du commissaire de police étaient exactes, et que le pauvre vieillard avait été assassiné la veille au soir, au moment où il se disposait à se coucher.

En effet, le lit était ouvert, et sur la couverture étaient étalés une chemise et un foulard de nuit[1]. Sur la table, à la tête
405   du lit, j'apercevais un verre d'eau sucrée, une boîte d'allumettes chimiques et un journal du soir, *La Patrie*[2].

---

1. *une chemise et un foulard de nuit* : on comprend que la chemise de nuit dont il est question ici descendait jusqu'aux genoux et que le foulard était une nécessité dans les appartements parisiens mal chauffés.

2. La Patrie : journal fondé en 1852, centré sur la politique gouvernementale de l'Empire. Les aventures de Rocambole, écrites par Ponson du Terrail, y furent presque toutes publiées à partir de 1857. Il aurait été anachronique de mettre en scène *Le Petit Journal* où sont publiés les *Mémoires* de Godeuil puisqu'il fut fondé en 1863.

Sur un coin de la cheminée brillait un chandelier, un bon
gros et solide chandelier de cuivre... Mais la bougie qui avait
éclairé le crime était consumée, le meurtrier s'était enfui sans
410   la souffler, et elle avait brûlé jusqu'au bout, noircissant l'albâtre d'un brûle-tout[1] où elle était fixée.

Ces détails, je les avais constatés d'un coup, sans effort, sans
pour ainsi dire que ma volonté y fût pour rien.

Mon œil remplissait le rôle d'un objectif photographique,
415   le théâtre du meurtre s'était fixé dans mon esprit comme sur
une plaque préparée[2], avec une telle précision que nulle circonstance n'y manquait, avec une telle solidité qu'aujourd'hui
encore je pourrais dessiner l'appartement du « petit vieux des
Batignolles » sans rien oublier, sans oublier même un bouchon
420   à demi recouvert de cire verte qu'il me semble voir encore par
terre, sous la chaise du greffier.

C'était une faculté extraordinaire, qui m'a été départie, ma
faculté maîtresse, que je n'avais pas encore eu l'occasion d'exercer, qui tout à coup se révélait en moi.

425   Alors, j'étais bien trop vivement ému pour analyser mes
impressions.

Je n'avais qu'un désir, obstiné, brûlant, irrésistible : m'approcher du cadavre étendu à deux mètres de moi.

Je luttai d'abord, je me défendis contre l'obsession de cette
430   envie. Mais la fatalité s'en mêlait... je m'approchai.

Avait-on remarqué ma présence ?... je ne le crois pas.

Personne, en tout cas, ne faisait attention à moi.

Monsieur Méchinet et le commissaire de police causaient
toujours près de la fenêtre ; le greffier, à demi voix, relisait au
435   juge d'instruction son procès-verbal.

---

1. *brûle-tout* : « Sorte de cylindre surmonté d'une pointe sur laquelle on fiche le bout
de bougie à brûler. » (*Littré*)

2. *plaque préparée* : il s'agit de la plaque d'émulsion d'argent qui servait en photographie avant l'invention de la pellicule ou de la carte numérique.

Ainsi, rien ne s'opposait à l'accomplissement de mon dessein.

Et d'ailleurs, je dois le confesser, une sorte de fièvre me tenait qui me rendait comme insensible aux circonstances extérieures et m'isolait absolument.

Cela est si vrai, que j'osai m'agenouiller près du cadavre, pour mieux voir et de plus près.

Loin de songer qu'on allait me crier : « Que faites-vous là ? ... » j'agissais lentement et posément, en homme qui, ayant reçu mission, l'exécute.

Ce malheureux vieillard me parut avoir de soixante-dix à soixante-quinze ans. Il était petit et très maigre, mais solide certainement et bâti pour passer la centaine. Il avait beaucoup de cheveux encore, d'un blanc jaunâtre, bouclés sur la nuque.

Sa barbe grise, forte et drue, paraissait n'avoir pas été faite depuis cinq ou six jours ; elle devait avoir poussé depuis qu'il était mort. Cette circonstance que j'avais souvent remarquée chez nos sujets de l'amphithéâtre[1] ne m'étonna pas.

Ce qui me surprit, ce fut la physionomie de l'infortuné. Elle était calme, je dirai plus, souriante. Les lèvres s'entrouvraient comme pour un salut amical.

La mort avait donc été terriblement prompte, qu'il conservait cette expression bienveillante[2] ! ...

C'était la première idée qui se présentait à l'esprit.

Oui, mais comment concilier ces deux circonstances inconciliables : une mort soudaine, et ces cinq lettres : *Monis...* que je voyais en traits de sang sur le parquet ?

---

1. *nos sujets de l'amphithéâtre* : les sujets d'étude, c'est-à-dire les cadavres disséqués pour le bénéfice des étudiants en médecine (voir la note 1, p. 35).

2. La syntaxe moderne commanderait un « si » entre « été » et « terriblement ».

Pour écrire cela, quels efforts n'avait-il pas fallu à un homme mourant !... L'espoir seul de la vengeance avait pu lui prêter une telle énergie... Et quelle rage n'avait pas dû être la sienne[1], de se sentir expirer avant d'avoir pu tracer en entier le nom de son assassin...

Et cependant le visage du cadavre semblait me sourire.

Le pauvre vieux avait été frappé à la gorge et l'arme avait traversé le cou de part en part.

L'instrument du crime devait être un poignard, ou plutôt un de ces redoutables couteaux catalans[2], larges comme la main, qui coupent des deux côtés et qui sont aussi pointus qu'une aiguille...

De ma vie, je n'avais été remué par d'aussi étranges sensations.

Mes tempes battaient avec une violence inouïe, et mon cœur, dans ma poitrine, se gonflait à la briser.

Qu'allais-je donc découvrir ?...

Poussé par une force mystérieuse et irrésistible, qui annihilait ma volonté, je pris entre mes mains, pour les examiner, les mains roides et glacées du cadavre...

La droite était nette... c'était un des doigts de la gauche, l'indicateur[3], qui était tout maculé de sang.

Quoi ! c'était avec la main gauche que le vieillard avait écrit !... Allons donc !...

Saisi d'une sorte de vertige, les yeux hagards, les cheveux hérissés sur la tête, et plus pâle assurément que le mort qui gisait à mes pieds, je me dressai en poussant un cri terrible.

---

1. Le « n'... pas » a ici valeur d'exagération et non de négation.

2. *couteaux catalans* : le véritable couteau catalan n'est pas tranchant des deux côtés ni plus pointu qu'un autre, mais l'expression est commune pour désigner des poignards de truands.

3. *l'indicateur* : l'index.

490   — Grand Dieu !...

Tous les autres, à ce cri, bondirent, et surpris, effarés :

— Qu'est-ce ? me demandèrent-ils ensemble, qu'y a-t-il ?...

J'essayai de répondre, mais l'émotion m'étranglait, il me semblait que j'avais la bouche pleine de sable. Je ne pus que

495   montrer les mains du mort en bégayant :

— Là !... là !...

Prompt comme l'éclair, monsieur Méchinet s'était jeté à genoux près du cadavre. Ce que j'avais vu, il le vit, et mon impression fut la sienne, car se relevant vivement :

500   — Ce n'est pas ce pauvre vieux, déclara-t-il, qui a tracé les lettres qui sont là...

Et comme le juge et le commissaire le regardaient bouche béante, il leur expliqua cette circonstance de la main gauche seule tachée de sang...

505   — Et dire que je n'y avais pas fait attention ! répétait le commissaire désolé...

Monsieur Méchinet prisait avec fureur.

— C'est comme cela, fit-il... les choses qui crèvent les yeux sont celles qu'on ne voit point... Mais n'importe ! voilà la si-

510   tuation diablement changée... Du moment où ce n'est pas le vieux qui a écrit, c'est celui qui l'a tué...

— Évidemment ! approuva le commissaire.

— Or, continua mon voisin, peut-on imaginer un assassin assez stupide pour se dénoncer en écrivant son nom à côté

515   du corps de sa victime ? Non, n'est-ce pas[1]. Maintenant, concluez...

Le juge était devenu soucieux.

---

1. L'absence du point d'interrogation est ici une liberté de l'auteur pour bien montrer au lecteur qu'il ne s'agit pas d'une véritable question.

    – C'est clair, fit-il, les apparences nous ont abusés... Monistrol n'est pas le coupable... Quel est-il?... C'est affaire
520 à vous[1], monsieur Méchinet, de le découvrir.

    Il s'arrêta... un agent de police entrait, qui, s'adressant au commissaire, dit:

    – Vos ordres sont exécutés, monsieur... Monistrol est arrêté et écroué au dépôt[2]... Il a tout avoué.

---

1. *C'est affaire à vous de*: expression archaïque pour «c'est votre affaire de», «il vous appartient de», «c'est votre responsabilité de». Voir son utilisation par Diderot dans *Les Bijoux indiscrets* (1748): «Ah! prince, s'écria Mirzoza, c'est affaire à vous de rêver.»

2. *écroué au dépôt*: incarcéré (*écroué*) dans une prison pour prisonniers de passage (*dépôt*).

Chapitre 4

525   D'autant plus rude était le choc qu'il était plus inattendu. Peindre notre stupeur à tous est impossible.

Quoi ! pendant que nous étions là, nous évertuant à chercher des preuves de l'innocence de Monistrol, lui se reconnaissait coupable !

530   Ce fut monsieur Méchinet qui le premier se remit.

Vivement, cinq ou six fois, il porta les doigts de sa tabatière à son nez, et s'avançant vers l'agent :

— Tu te trompes ou tu nous trompes, lui dit-il, pas de milieu.

535   — Je vous jure, monsieur Méchinet...

— Tais-toi ! Ou tu as mal compris ce qu'a dit Monistrol, ou tu t'es grisé de l'espoir de nous étonner en nous annonçant que l'affaire est réglée...

Humble et respectueux jusqu'alors, l'agent se rebiffa.

540   — Faites excuse[1], interrompit-il, je ne suis ni un imbécile ni un menteur, et je sais ce que je dis...

La discussion tournait si bien à la dispute que le juge d'instruction crut devoir intervenir.

— Modérez-vous, monsieur Méchinet, prononça-t-il, et avant 545   de porter un jugement, attendez d'être édifié[2].

Puis se tournant vers l'agent :

— Et vous, mon ami, poursuivit-il, dites-nous ce que vous savez et les raisons de votre assurance.

Ainsi soutenu, l'agent écrasa monsieur Méchinet d'un re-550   gard ironique, et avec une nuance très appréciable de fatuité :

— Pour lors, commença-t-il, voilà la chose : monsieur le juge et monsieur le commissaire ici présents nous ont char-

---

1. *Faites excuse* : il s'agit d'une expression populaire signifiant « acceptez mes excuses ». Elle aurait ici peut-être une valeur ironique, comme lorsqu'on contredit un interlocuteur en disant : « Je m'excuse, mais... »

2. *édifié* : instruit.

gés, l'inspecteur Goulard, mon collègue Poltin et moi, d'arrêter le nommé Monistrol, bijoutier en faux[1], domicilié rue Vivienne[2], 75, ledit Monistrol étant inculpé d'assassinat sur la personne de son oncle.

— C'est exact, approuva le commissaire à demi-voix.

— Là-dessus, poursuivit l'agent, nous prenons un fiacre et nous nous faisons conduire à l'adresse indiquée... Nous arrivons et nous trouvons le sieur Monistrol dans son arrière-boutique, sur le point de se mettre à table pour dîner avec son épouse, qui est une femme de vingt-cinq à trente ans, d'une beauté admirable.

« En nous apercevant tous trois en rang d'oignon, mon particulier[3] se dresse. "Qu'est-ce que vous voulez ?" nous demande-t-il. Aussitôt, le brigadier Goulard tire de sa poche le mandat d'amener et répond : "Au nom de la loi, je vous arrête !..." »

Monsieur Méchinet semblait sur le gril.

— Ne pourrais-tu te hâter ! dit-il à l'agent.

Mais l'autre, comme s'il n'eût pas entendu, poursuivit du même ton calme :

— J'ai arrêté quelques particuliers en ma vie ; eh bien ! jamais je n'en ai vu tomber en décomposition comme celui-là. "Vous plaisantez, nous dit-il, ou vous faites erreur !" "Non, nous ne nous trompons pas." "Mais enfin, pourquoi m'arrêtez-vous ?"

« Goulard haussait les épaules. "Ne faites donc pas l'enfant, dit-il, et votre oncle ?... Le cadavre est retrouvé et on a des preuves accablantes contre vous..."

---

1. *bijoutier en faux* : bijoutier dont les bijoux ne sont pas constitués de pierres précieuses, mais d'imitations.

2. *rue Vivienne* : sur la Rive droite, dans le IIIe arrondissement.

3. *mon particulier* : n. m. (FAM., VIEILLI) (souvent péj.) « Personne quelconque. » (*Robert*)

« Ah ! le gredin, quelle tuile !... Il chancela et finalement se laissa tomber sur une chaise en sanglotant et en bégayant je ne sais quelle réponse qu'il n'y avait pas moyen de comprendre.

585   « Ce que voyant, Goulard le secoua par le collet de son habit, en lui disant : "Croyez-moi, le plus court est de tout avouer." Il nous regarda d'un air hébété et murmura : "Eh bien ! oui, j'avoue tout !" »

     – Bien manœuvré, Goulard ! approuva le commissaire.

590   L'agent triomphait.

     – Il s'agissait de ne pas moisir dans la boutique, continua-t-il. On nous avait recommandé d'éviter tout esclandre, et déjà les badauds s'attroupaient... Goulard empoigna donc le prévenu[1] par le bras, en lui criant : "Allons, en route ! on nous

595   attend à la préfecture !" Monistrol, tant bien que mal, se dressa sur ses jambes qui flageolaient, et du ton d'un homme qui prend son courage à deux mains, dit : "Marchons !..."

     « Nous pensions que le plus fort était fait ; nous comptions sans la femme.

600   « Jusqu'à ce moment, elle était restée comme évanouie sur un fauteuil, sans souffler mot, sans paraître seulement comprendre ce qui se passait.

     « Mais quand elle vit que bien décidément nous emmenions son homme, elle bondit comme une lionne et se jeta en tra-

605   vers de la porte en criant : "Vous ne passerez pas !" Parole d'honneur, elle était superbe, mais Goulard en a vu bien d'autres. "Allons, allons, ma petite mère, fit-il, ne nous fâchons pas ; on vous le rendra, votre mari !"

     « Cependant, bien loin de nous faire place, elle se cram-

610   ponnait plus fortement au chambranle, jurant que son mari était innocent ; déclarant que si on le conduisait en prison,

---

1. *prévenu* : « Personne traduite devant un tribunal correctionnel pour répondre d'un délit. » (*Robert*) Le terme est utilisé ici abusivement, puisque Monistrol n'a pas encore été traduit en justice.

elle le suivrait, tantôt nous menaçant et nous accablant d'invectives, tantôt nous suppliant de sa voix la plus douce...

615 « Puis, quand elle comprit que rien ne nous empêcherait de remplir notre devoir, elle lâcha la porte, et, se jetant au cou de son mari : "Ô cher bien-aimé, gémissait-elle, est-ce possible qu'on t'accuse d'un crime, toi... toi !.... Dis-leur donc, à ces hommes, que tu es innocent !..."

« Vrai, nous étions tous émus, mais lui, plus insensible que
620 nous, il eut la barbarie de repousser sa pauvre femme si brutalement qu'elle alla tomber comme une masse dans un coin de l'arrière-boutique...

« C'était la fin heureusement.

« La femme étant évanouie, nous en profitâmes pour em-
625 baller[1] le mari dans le fiacre qui nous avait amenés.

« Emballer est bien le mot, car il était devenu comme une chose inerte, il ne tenait plus debout, il fallut le porter... Et pour ne rien oublier, je dois dire que son chien, une espèce de roquet noir, voulait absolument sauter avec nous dans la
630 voiture, et que nous avons eu mille peines à nous en débarrasser.

« En route, comme de juste, Goulard essaya de distraire notre prisonnier et de le faire jaser... Mais impossible de lui tirer une parole du gosier. Ce n'est qu'en arrivant à la préfecture
635 qu'il parut reprendre connaissance. Quand il fut bien et dûment installé dans une cellule des "secrets", il se jeta sur son lit à corps perdu en répétant : "Que vous ai-je fait, ô mon Dieu, que vous ai-je fait !..."

« À ce moment Goulard s'approcha de lui, et pour la se-
640 conde fois : "Ainsi, interrogea-t-il, vous vous avouez coupable !" De la tête, Monistrol fit : "Oui, oui !..." puis d'une voix rauque : "Je vous en prie, laissez-moi seul !" dit-il.

---

1. *emballer* : (ARG. puis FAM.) « Écrouer, arrêter. » (*Robert*)

«C'est ce que nous avons fait, après avoir eu soin, toutefois, de placer un surveillant en observation au guichet de la
645   cellule, pour le cas où le gaillard essayerait d'attenter à ses jours...

« Goulard et Poltin sont restés là-bas, et moi, me voilà !... »

– C'est précis, grommela le commissaire, c'est on ne peut plus précis...

650   C'était aussi l'opinion du juge, car il murmura :

– Comment, après cela, douter de la culpabilité de Monistrol ?

Moi, j'étais confondu, et cependant mes convictions étaient inébranlables. Et même, j'ouvrais la bouche pour ha-
655   sarder une objection, quand monsieur Méchinet me prévint[1].

– Tout cela est bel et bon !... s'écria-t-il. Seulement, si nous admettons que Monistrol est l'assassin, nous sommes aussi forcés d'admettre que c'est lui qui a écrit son nom, là, par terre... et dame ! ça, c'est roide[2]...

660   – Bast ! interrompit le commissaire, du moment où l'inculpé avoue, à quoi bon se préoccuper d'une circonstance que l'instruction[3] expliquera...

Mais l'observation de mon voisin avait réveillé toutes les perplexités du juge. Aussi, sans se prononcer :

665   – Je vais me rendre à la préfecture, déclara-t-il, je veux interroger Monistrol ce soir même.

Et après avoir recommandé au commissaire de police de bien remplir toutes les formalités et d'attendre les médecins mandés pour l'autopsie du cadavre, il s'éloigna, suivi de son
670   greffier, et de l'agent qui était venu nous annoncer le succès de l'arrestation.

---

1. *me prévint* : (VX) « Devancer quelqu'un dans l'accomplissement d'une chose, agir avant un autre. » (*Robert*)

2. *roide* : raide. — (FAM.) « Dur à accepter, à croire. » (*Robert*)

3. *instruction* : « Phase de la procédure pénale au cours de laquelle le juge d'instruction procède aux recherches et apprécie la culpabilité des personnes poursuivies. » (*Robert*)

– Pourvu que ces diables de médecins ne se fassent pas trop attendre ! gronda le commissaire, qui songeait à son dîner.

Ni monsieur Méchinet ni moi ne lui répondîmes. Nous de-
675   meurions debout, en face l'un de l'autre, obsédés évidemment par la même idée.

– Après tout, murmura mon voisin, peut-être est-ce le vieux qui a écrit...

– Avec la main gauche, alors ?... Est-ce possible !... Sans
680   compter que la mort de ce pauvre bonhomme[1] a dû être instantanée...

– En êtes-vous sûr ?...

– D'après sa blessure, j'en ferais le serment... D'ailleurs, des médecins vont venir, qui vous diront si j'ai raison ou tort...

685   Monsieur Méchinet tracassait son nez avec une véritable frénésie.

– Peut-être, en effet, y a-t-il là-dessous quelque mystère, dit-il... ce serait à voir...

« C'est une enquête à refaire... Soit, refaisons-la... Et pour
690   commencer, interrogeons la portière[2]... »

Et courant à l'escalier, il se pencha sur la rampe, criant :

– La concierge !... Hé ! la concierge ! montez un peu, s'il vous plaît...

---

1. *bonhomme* : voir la note 1, p. 31.
2. *portière* : voir la note 4, p. 25.

Chapitre 5

En attendant que montât la concierge, monsieur Méchinet
695 procédait à un rapide et sagace examen du théâtre du
crime.

Mais c'est surtout la serrure de la porte d'entrée de l'appartement qui attirait son attention. Elle était intacte et la clef
y jouait sans difficulté. Cette circonstance écartait absolument
700 l'idée d'un malfaiteur étranger s'introduisant de nuit à l'aide
de fausses clefs.

De mon côté, machinalement, ou plutôt inspiré par
l'étonnant instinct qui s'était révélé en moi, je venais de ramasser ce bouchon à demi recouvert de cire verte que j'avais
705 remarqué à terre.

Il avait servi, et du côté de la cire, gardait les traces du tirebouchon ; mais, de l'autre bout, se voyait une sorte d'entaille
assez profonde, produite évidemment par un instrument tranchant et aigu.

710 Soupçonnant l'importance de ma découverte, je la communiquai à monsieur Méchinet, et il ne put retenir une
exclamation de plaisir.

– Enfin ! s'écria-t-il, nous tenons donc enfin un indice !...
Ce bouchon, c'est l'assassin qui l'a laissé tomber ici... Il y avait
715 fiché la pointe fragile de l'arme dont il s'est servi. Conclusion :
l'instrument du meurtre est un poignard à manche fixe, et non
un de ces couteaux qui se ferment... Avec ce bouchon, je suis
sûr d'arriver au coupable quel qu'il soit !...

Le commissaire de police achevait sa besogne dans la
720 chambre, nous étions, monsieur Méchinet et moi, restés dans
le salon, lorsque nous fûmes interrompus par le bruit d'une
respiration haletante.

Presque aussitôt, se montra la puissante commère que j'avais
aperçue dans le vestibule pérorant au milieu des locataires.

725 C'était la portière, plus rouge, s'il est possible, qu'à notre
arrivée.

— Qu'y a-t-il pour votre service, monsieur? demanda-t-elle
à monsieur Méchinet.

— Asseyez-vous, madame, répondit-il.

730 — Mais, monsieur, c'est que j'ai du monde en bas...

— On vous attendra... je vous dis de vous asseoir.

Interloquée par le ton de monsieur Méchinet, elle obéit.
Alors lui, la fixant de ses terribles petits yeux gris:

— J'ai besoin de certains renseignements, commença-t-il, et
735 je vais vous interroger. Dans votre intérêt, je vous conseille
de répondre sans détours. Et d'abord, quel est le nom de ce
pauvre bonhomme qui a été assassiné?

— Il s'appelait Pigoreau, mon bon monsieur, mais il était surtout connu sous le nom d'Anténor, qu'il avait pris autrefois,
740 comme étant plus en rapport avec son commerce.

— Habitait-il la maison depuis longtemps?

— Depuis huit ans.

— Où demeurait-il avant?

— Rue Richelieu[1], où il avait son magasin... car il avait été
745 établi, il avait été coiffeur, et c'est dans cet état qu'il avait gagné
sa fortune.

— Il passait donc pour riche?

— J'ai entendu dire à sa nièce qu'il ne se laisserait pas couper le cou pour un million.

750 À cet égard, la prévention[2] devait être fixée, puisqu'on avait
inventorié les papiers du pauvre vieux.

— Maintenant, poursuivit monsieur Méchinet, quelle espèce
d'homme était ce sieur Pigoreau, dit Anténor?

— Oh! la crème des hommes, cher bon monsieur, répon-
755 dit la concierge... Il était bien tracassier, maniaque, grigou
comme il n'est pas possible, mais il n'était pas fier[3]... Et si drôle,

---

1. *Rue Richelieu*: rue du IIIe arrondissement (Rive droite), passant tout près du Palais-Royal (voir la note 2, p. 55).

2. *prévention*: instruction (voir les notes 1 et 3, p. 46 et 48).

3. *il n'était pas fier*: (POP.) « familier (avec les gens simples). » (*Robert*)

Le petit vieux a ses habitudes au café Guerbois, qui deviendra
célèbre pour avoir abrité les discussions des impressionnistes.
Au café Guerbois, gravure d'Édouard Manet (1869).

2004 National Gallery of Art, Washington (D.C.)

avec cela !... On aurait passé ses nuits à l'écouter, quand il était
en train... C'est qu'il en savait de ces histoires ! Pensez donc,
un ancien coiffeur, qui avait, comme il disait, frisé les plus
760   belles femmes de Paris...

— Comment vivait-il ?

— Comme tout le monde... Comme les gens qui ont des
rentes, s'entend[1], et qui cependant tiennent à leur monnaie.

— Pouvez-vous me donner quelques détails ?

765   — Oh ! pour cela, je le pense, vu que c'est moi qui avais soin
de son ménage... Et cela ne me donnait guère de peine, car
il faisait presque tout, balayant, époussetant et frottant lui-
même... C'était sa manie, quoi ! Donc, tous les jours que le
bon Dieu faisait, à midi battant[2], je lui montais une tasse de

---

1. *s'entend* : bien entendu, bien sûr.

2. *à midi battant* : à midi précis, lorsque le battant de la cloche de l'horloge sonne l'heure.
   Voir *tapant*.

770 chocolat. Il la buvait, il avalait par-dessus un grand verre d'eau, et c'était son déjeuner. Après il s'habillait, et ça le menait jusqu'à deux heures, car il était coquet et soigneux de sa personne plus qu'une mariée. Sitôt paré, il sortait pour se promener dans Paris. À six heures, il s'en allait dîner dans une pension bour-
775 geoise, chez les demoiselles Gomet, rue de la Paix[1]. Après son dîner il courait prendre sa demi-tasse[2] et faire sa fine partie[3] au café Guerbois[4]... et à onze heures il rentrait se coucher. Enfin, il n'avait qu'un défaut, le pauvre bonhomme[5]... Il était porté sur le sexe[6]. Même souvent, je lui disais : "À votre âge,
780 n'avez-vous pas de honte[7] !..." Mais on n'est pas parfait, et on comprend ça d'un ancien parfumeur[8], qui avait eu dans sa vie des tas de bonnes fortunes[9]...

---

1. *rue de la Paix* : il pourrait s'agir de l'ancienne rue de la Paix qu'on trouvait dans le village des Batignolles puisque le café Guerbois (voir la note 4) n'en était pas si éloigné. Par contre, on trouve aussi une rue de la Paix dans le vieux Paris, qui va de la Place Vendôme au boulevard des Capucines, dans le IIe arrondissement.

2. *demi-tasse* : « Tasse plus petite que les tasses ordinaires et dans laquelle on sert ordinairement du café à l'eau. » (*Littré*)

3. *fine partie* : l'expression usuelle est « partie fine ». « Partie de plaisir où l'on met quelque mystère. » (*Littré*) La partie ici signifie un divertissement. S'agit-il d'une partie de dominos ? Le terme dépasse un simple jeu. En ce sens, *partie* a été emprunté par l'anglais avant de revenir en français en « party » pour supplanter le terme original.

4. *café Guerbois* : situé au 11, Grande rue des Batignolles (aujourd'hui, 9, avenue de Clichy), ce café est célèbre pour avoir abrité les discussions des peintres impressionnistes autour d'Édouard Manet dont le domicile se trouvait au 34, boulevard des Batignolles. Pendant dix ans, de 1865 à 1875, « tous les vendredis se retrouvaient là Bazille, Degas, Renoir, Pissarro, Monet, de temps en temps Cézanne. Outre les peintres, y venaient les écrivains et les critiques favorables aux idées nouvelles qui s'échangeaient là et dont Zola se fit le porte-parole. [...] C'est là qu'est né le mouvement impressionniste [...] » (Jean-Paul Clébert, *La Littérature à Paris*, p. 168).

5. *bonhomme* : voir la note 1, p. 31.

6. *sexe* : « Le beau sexe, ou ABSOL. le sexe, les femmes. » (*Littré*)

7. *n'avez-vous pas de honte* : « Avoir de honte ou avoir honte. » (*Littré*)

8. *parfumeur* : coiffeur. La parfumerie comprend la fabrication et la vente de produits de toilette et de beauté qu'utilise un coiffeur.

9. *bonnes fortunes* : (vx) « Bonne fortune, faveurs d'une femme. Un homme à bonnes fortunes. » (*Littré*)

Un sourire obséquieux errait sur les lèvres de la puissante[1] concierge, mais rien n'était capable de dérider monsieur

785 Méchinet.

— Monsieur Pigoreau recevait-il beaucoup de monde? continua-t-il.

— Très peu... Je ne voyais guère venir chez lui que son neveu, monsieur Monistrol, à qui, tous les dimanches, il payait à dîner

790 chez le père Lathuile[2].

— Et comment étaient-ils ensemble, l'oncle et le neveu?

— Comme les deux doigts de la main.

— Ils n'avaient jamais de discussions[3]?

— Jamais!... sauf qu'ils étaient toujours à se chamailler à

795 cause de madame Clara.

— Qui est cette madame Clara?

— La femme de monsieur Monistrol, donc, une créature[4] superbe... Défunt[5] le père[6] Anténor ne pouvait la souffrir. Il disait que son neveu l'aimait trop, cette femme, qu'elle le me-

800 nait par le bout du nez, et qu'elle lui en faisait voir de toutes les couleurs... Il prétendait qu'elle n'aimait pas son mari, qu'elle avait un genre trop relevé pour sa position, et qu'elle finirait par faire des sottises... Même, madame Clara et son oncle ont

---

1. *puissante*: (FAM.) « Qui a beaucoup d'embonpoint. » (*Littré*)

2. *le père Lathuile*: restaurant situé au 7, avenue de Clichy, dans le prolongement du boulevard des Batignolles. Immortalisé par une toile d'Édouard Manet, *Chez le Père Lathuile* (1879). Les Goncourt s'y rendaient également, comme en témoigne ce passage de leur *Journal* du 5 juin 1890 : « Déjeuner chez le père Lathuile, [...] Ah! quel vieux cabaret, avec ses garçons fossiles, et ses *déjeuners* qui ont l'air de comparses des repas de théâtre!... Ah! c'est bien le cabaret démodé, figurant dans la gravure de l'attaque de la barrière Clichy, en 1814, et qu'on voit encadrée dans le vestibule. » Le restaurant du père Lathuile (ou Lathuille, les deux orthographes se concurrençant) s'était installé en bordure de l'enceinte des Fermiers Généraux pour éviter de payer l'octroi (la taxe d'entrée des marchandises à Paris).

3. *discussions*: querelles.

4. *créature*: (LITTÉR.) femme.

5. *Défunt*: (VIEILLI OU RÉGION.) feu.

6. *le père*: « Avant le nom de famille: désignant un homme mûr et de condition modeste, ou avec condescendance. » (*Robert*)

été brouillés, à la fin de l'année dernière. Elle voulait que le
805 bonhomme prêtât cent mille francs à monsieur Monistrol pour
prendre un fonds[1] de bijoutier au Palais-Royal[2]. Mais il refusa,
déclarant qu'on ferait de sa fortune ce qu'on voudrait, après
sa mort, mais que jusque-là, l'ayant gagnée, il prétendait la
garder et en jouir...

810 Je croyais que monsieur Méchinet allait insister sur cette
circonstance, qui me paraissait très grave... point. En vain, je
multipliais les signes, il poursuivit :

– Reste à savoir par qui le crime a été découvert.

– Par moi, mon bon monsieur, par moi ! gémit la portière.
815 Ah ! c'est épouvantable ! Figurez-vous que ce matin, sur le coup
de midi, comme à l'ordinaire, je monte au père Anténor son
chocolat... Faisant le ménage, j'ai une clef de l'appartement...
J'ouvre, j'entre, et qu'est-ce que je vois...[3] Ah ! mon Dieu !...

Et elle se mit à pousser des cris perçants...

820 – Cette douleur prouve votre bon cœur, madame, fit gravement monsieur Méchinet... Seulement, comme je suis fort
pressé, tâchez de la maîtriser... Qu'avez-vous pensé, en voyant
votre locataire assassiné ?...

– J'ai dit à qui a voulu l'entendre : c'est son neveu, le bri-
825 gand, qui a fait le coup pour hériter.

– D'où vous venait cette certitude ?... car, enfin, accuser un
homme d'un si grand crime, c'est le pousser à l'échafaud...

– Eh ! monsieur, qui donc serait-ce ?... Monsieur Monistrol
est venu voir son oncle hier soir, et quand il est sorti il était
830 près de minuit... même, lui qui me parle toujours, il ne m'a

---

1. *fonds* : ensemble des biens permettant à un commerçant d'exercer son activité.

2. *Palais-Royal* : ensemble de galeries et de jardins situé dans le vieux Paris, tout à côté
du Louvre. On y retrouvait d'innombrables établissements de restauration et de nombreuses boutiques. Balzac en parlait comme d'un « terrible bazar » dont la poésie éclatait à la tombée du jour : « De tous les points de Paris, une fille de joie accourait "faire
son palais" » (*Les Illusions perdues*).

3. L'absence du point d'interrogation est ici une liberté de l'auteur pour bien montrer
au lecteur qu'il ne s'agit pas d'une véritable question.

rien dit ni en arrivant ni en s'en allant... Et depuis ce moment, jusqu'à celui où j'ai tout découvert, personne, j'en suis sûre, n'est monté chez monsieur Anténor...

Je l'avoue, cette déposition me confondait.

835   Naïf encore, je n'aurais pas eu l'idée de poursuivre cet interrogatoire. Par bonheur, l'expérience de monsieur Méchinet était grande, et il possédait à fond cet art si difficile de tirer des témoins toute la vérité.

— Ainsi, madame, insista-t-il, vous êtes certaine que
840   Monistrol est venu hier soir ?

— Certaine.

— Vous l'avez bien vu, bien reconnu ?...

— Ah ! permettez... je ne l'ai pas dévisagé. Il a passé très vite, en tâchant de se cacher, comme un brigand qu'il est, et le cor-
845   ridor est mal éclairé...

Je bondis, à cette réponse d'une incalculable portée, et m'avançant vers la concierge :

— S'il en est ainsi, m'écriai-je, comment osez-vous affirmer que vous avez reconnu monsieur Monistrol ?

850   Elle me toisa, et avec un sourire ironique :

— Si je n'ai pas vu la figure du maître, répondit-elle, j'ai vu le museau du chien... Comme je le caresse toujours, il est entré dans ma loge, et j'allais lui donner un os de gigot quand son maître l'a sifflé.

855   Je regardais monsieur Méchinet, anxieux[1] de savoir ce qu'il pensait de ces réponses, mais son visage gardait fidèlement le secret de ses impressions.

Il ajouta seulement :

— De quelle race est le chien de monsieur Monistrol ?

---

1. *anxieux* : (au XIXᵉ s.) désireux, avide de. (*Dictionnaire historique de la langue française*)

860   — C'est un loulou[1], comme les conducteurs en avaient autrefois, tout noir, avec une tache blanche au-dessus de l'oreille ; on l'appelle Pluton.

Monsieur Méchinet se leva.

— Vous pouvez vous retirer, dit-il à la portière, je suis fixé.

865   Et, quand elle fut sortie :

— Il me paraît impossible, fit-il, que le neveu ne soit pas le coupable.

Cependant, les médecins étaient arrivés pendant ce long interrogatoire et, quand ils eurent achevé l'autopsie, leur

870   conclusion fut :

— La mort du sieur Pigoreau a certainement été instantanée. Donc, ce n'est pas lui qui a tracé ces cinq lettres : *Monis* que nous avons vues sur le parquet, près du cadavre...

Ainsi, je ne m'étais pas trompé.

875   — Mais si ce n'est pas lui, s'écria monsieur Méchinet, qui donc est-ce ?... Monistrol... Voilà ce qu'on ne me fera jamais entrer dans la cervelle.

Et comme le commissaire, ravi de pouvoir enfin aller dîner, le raillait de ses perplexités ; perplexités ridicules, puisque

880   Monistrol avait avoué :

— Peut-être en effet ne suis-je qu'un imbécile, dit-il, c'est ce que l'avenir décidera... Et en attendant, venez, mon cher monsieur Godeuil, venez avec moi à la préfecture[2]...

---

1. *loulou* : plus tôt, le chien Pluton était défini comme un roquet (voir ligne 629). Il s'agit peut-être d'un loulou de Poméranie (nord de la Pologne), chien aussi appelé Grand Spitz, originaire des bords de la Baltique au pelage noir (ou noir et blanc comme l'est Pluton) abondant et à la queue enroulée.

2. *préfecture* (*de police*) : « À Paris, services de direction de la police municipale, judiciaire, économique ; locaux où sont installés ces services. » (*Robert*)

Le quai des Orfèvres sur l'île de la Cité, vers 1840. Photo de Deleuil.
Musée des Arts et Métiers—CNAM, Paris / Photo Pascal Faligot-Seventh Square.

Chapitre 6

De même que pour venir aux Batignolles, nous prîmes un
885   fiacre pour nous rendre à la préfecture de police.

La préoccupation de monsieur Méchinet était grande : ses
doigts ne cessaient de voyager de sa tabatière vide à son nez,
et je l'entendais grommeler entre ses dents :

— J'en aurai le cœur net ! Il faut que j'en aie le cœur net.

890   Puis il sortait de sa poche le bouchon que je lui avais remis,
il le tournait et le retournait avec des mines de singe épluchant
une noix et murmurait :

— C'est une pièce à conviction, cependant... il doit y avoir
un parti à tirer de cette cire verte...

895   Moi, enfoncé dans mon coin, je ne soufflais mot.

Assurément ma situation était des plus bizarres, mais je n'y
songeais pas. Tout ce que j'avais d'intelligence était absorbé
par cette affaire ; j'en ruminais dans mon esprit les éléments
divers et contradictoires, et je m'épuisais à pénétrer le secret
900   du drame que je pressentais.

Lorsque notre voiture s'arrêta, il faisait nuit noire.

Le quai des Orfèvres[1] était désert et silencieux : pas un bruit,
pas un passant. Les rares boutiques des environs étaient fer-
mées. Toute la vie du quartier s'était réfugiée dans le petit res-
905   taurant qui fait presque le coin de la rue de Jérusalem[2], et sur
les rideaux rouges de la devanture se dessinait l'ombre des
consommateurs.

— Vous laissera-t-on arriver jusqu'au prévenu ? demandai-
je à monsieur Méchinet.

---

1. *quai des Orfèvres* : siège de la police judiciaire, de la préfecture. Encore aujourd'hui,
   c'est l'appellation commune (on l'écrit avec deux majuscules : Quai des Orfèvres).

2. *rue de Jérusalem* : au XIXᵉ siècle, la police judiciaire avait sa préfecture sur cette petite rue de l'île de la Cité, au cœur de Paris, qui débouchait sur le Quai des Orfèvres.
   Elle n'existe plus aujourd'hui, ayant été absorbée par l'agrandissement du Palais de
   Justice en 1862. Incendiés par les Communards de 1871, les bureaux de la police
   judiciaire déménagèrent en face du Palais de Justice, boulevard du Palais, sur l'île
   de la Cité.

910   — Assurément, me répondit-il. Ne suis-je pas chargé de suivre l'affaire... Ne faut-il pas que selon les nécessités imprévues de l'enquête, je puisse, à toute heure de jour et de nuit, interroger le détenu !...

Et d'un pas rapide, il s'engagea sous la voûte, en me disant :

915   — Arrivez, arrivez, nous n'avons pas de temps à perdre.

Il n'était pas besoin qu'il m'encourageât. J'allais à sa suite, agité d'indéfinissables émotions et tout frémissant d'une vague curiosité.

C'était la première fois que je franchissais le seuil de la pré-
920 fecture de police, et Dieu sait quels étaient alors mes préjugés.

« Là, me disais-je, non sans un certain effroi, là est le secret de Paris... »

J'étais si bien abîmé dans mes réflexions, qu'oubliant de regarder à mes pieds, je faillis tomber.

925   Le choc me ramena au sentiment de la situation.

Nous longions alors un immense couloir aux murs humides et au pavé raboteux. Bientôt mon compagnon entra dans une petite pièce où deux hommes jouaient aux cartes pendant que trois ou quatre fumaient leur pipe, étendus sur un lit de camp.

930   Il échangea avec eux quelques paroles qui n'arrivèrent pas jusqu'à moi qui restais dehors, puis il ressortit et nous nous remîmes en marche.

Ayant traversé une cour et nous étant engagés dans un second couloir, nous ne tardâmes pas à arriver devant une grille
935 de fer à pesants verrous et à serrure formidable.

Sur un mot de monsieur Méchinet, un surveillant nous l'ouvrit, cette grille ; nous laissâmes à droite une vaste salle où il me sembla voir des sergents de ville[1] et des gardes de Paris[2], et enfin, nous gravîmes un escalier assez roide.

---

1. *sergents de ville* : voir la note 2, p. 33.
2. *gardes de Paris* : les sergents de ville et les gardes municipaux coexistaient tout en exerçant des tâches très similaires du maintien de l'ordre public.

Le sergent de ville, ici caricaturé puisqu'il était considéré
comme le valet de l'Empire. Gravure coloriée.

940   Au haut de cet escalier, à l'entrée d'un étroit corridor percé
de quantité de petites portes, était assis un gros homme à face
joviale, qui certes n'avait rien du classique geôlier.

Dès qu'il aperçut mon compagnon :

– Eh! c'est monsieur Méchinet! s'écria-t-il... Ma foi! je vous
945 attendais... Gageons que vous venez pour l'assassin du petit
vieux des Batignolles.

– Précisément. Y a-t-il du nouveau?

– Non.

– Cependant le juge d'instruction doit être venu.

950   – Il sort d'ici.

– Eh bien?...

– Il n'est pas resté trois minutes avec l'accusé, et en le quittant il avait l'air très satisfait. Au bas de l'escalier, il a rencontré monsieur le directeur, et il lui a dit : « C'est une affaire dans le sac ; l'assassin n'a même pas essayé de nier... »

Monsieur Méchinet eut un bond de trois pieds, mais le gardien ne le remarqua pas, car il reprit :

– Du reste, ça ne m'a pas surpris.... Rien qu'en voyant le particulier[1], quand on me l'a amené, j'ai dit : « En voilà un qui ne saura pas se tenir. »

– Et que fait-il maintenant ?

– Il geint... On m'a recommandé de le surveiller, de peur qu'il ne se suicide, et comme de juste[2], je le surveille... mais c'est bien inutile... C'est encore un de ces gaillards qui tiennent plus à leur peau qu'à celle des autres...

– Allons le voir, interrompit monsieur Méchinet, et surtout pas de bruit...

Tous trois, aussitôt, sur la pointe des pieds, nous nous avançâmes jusqu'à une porte de chêne plein, percée à hauteur d'homme d'un guichet grillé.

Par ce guichet, on voyait tout ce qui se passait dans la cellule, éclairée par un chétif bec de gaz.

Le gardien donna d'abord un coup d'œil, monsieur Méchinet regarda ensuite, puis vint mon tour...

Sur une étroite couchette de fer recouverte d'une couverture de laine grise à bandes jaunes, j'aperçus un homme couché à plat ventre, la tête cachée entre ses bras à demi repliés.

Il pleurait : le bruit sourd de ses sanglots arrivait jusqu'à moi, et par instants un tressaillement convulsif le secouait de la tête aux pieds.

– Ouvrez-nous, maintenant, commanda monsieur Méchinet au gardien.

Il obéit et nous entrâmes.

---

1. *particulier* : voir la note 3, p. 45.

2. *comme de juste* : effectivement.

Au grincement de la clef, le prisonnier s'était soulevé et assis
985 sur son grabat, les jambes et les bras pendants, la tête inclinée sur la poitrine, il nous regardait d'un air hébété.

C'était un homme de trente-cinq à trente-huit ans, d'une
taille un peu au-dessus de la moyenne, mais robuste, avec un
cou apoplectique enfoncé entre de larges épaules. Il était laid ;
990 la petite vérole l'avait défiguré, et son long nez droit et son
front fuyant lui donnaient quelque chose de la physionomie
stupide du mouton. Cependant, ses yeux bleus étaient très
beaux, et il avait les dents d'une remarquable blancheur...

– Eh bien ! monsieur Monistrol, commença monsieur
995 Méchinet, nous nous désolons donc !

Et l'infortuné ne répondant pas :

– Je conviens, poursuivit-il, que la situation n'est pas gaie...
Cependant, si j'étais à votre place, je voudrais prouver que je
suis un homme. Je me ferais une raison, et je tâcherais de dé-
1000 montrer mon innocence.

– Je ne suis pas innocent.

Cette fois, il n'y avait ni à équivoquer ni à suspecter l'intelligence d'un agent, c'était de la bouche même du prévenu
que nous recueillions le terrible aveu.

1005 – Quoi ! s'exclama monsieur Méchinet, c'est vous qui...

L'homme s'était redressé sur ses jambes titubantes, l'œil
injecté, la bouche écumante, en proie à un véritable accès de
rage.

– Oui, c'est moi, interrompit-il, moi seul. Combien de
1010 fois faudra-t-il donc que je le répète ?... Déjà, tout à l'heure,
un juge est venu, j'ai tout avoué et signé mes aveux... Que
demandez-vous de plus ? Allez, je sais ce qui m'attend, et je
n'ai pas peur... J'ai tué, je dois être tué !... Coupez-moi donc
le cou, le plus tôt sera le mieux...

1015 Un peu étourdi d'abord, monsieur Méchinet s'était vite
remis.

– Un instant, que diable! dit-il; on ne coupe pas le cou aux gens comme cela... D'abord, il faut qu'ils prouvent qu'ils sont coupables... Puis, la justice comprend certains égarements,
1020 certaines fatalités, si vous voulez, et c'est même pour cela qu'elle a inventé les circonstances atténuantes.

Un gémissement inarticulé fut la seule réponse de Monistrol, et monsieur Méchinet continua:

– Vous lui en vouliez donc terriblement à votre oncle?
1025 – Oh! non!

– Alors, pourquoi?...

– Pour hériter. Mes affaires étaient mauvaises, allez aux informations... J'avais besoin d'argent, mon oncle, qui était très riche, m'en refusait...
1030 – Je comprends, vous espériez échapper à la justice...

– Je l'espérais.

Jusqu'alors, je m'étais étonné de la façon dont monsieur Méchinet conduisait ce rapide interrogatoire, mais maintenant je me l'expliquais... Je devinais la suite, je voyais quel piège
1035 il allait tendre au prévenu.

– Autre chose, reprit-il, brusquement; où avez-vous acheté le revolver qui vous a servi à commettre le meurtre?

Nulle surprise ne parut sur le visage de Monistrol.

– Je l'avais en ma possession depuis longtemps, répondit-il.
1040 – Qu'en avez-vous fait après le crime?

– Je l'ai jeté sur le boulevard extérieur[1].

– C'est bien, prononça gravement monsieur Méchinet, on fera des recherches et on le retrouvera certainement.

Et après un moment de silence:
1045 – Ce que je ne m'explique pas, ajouta-t-il, c'est que vous vous soyez fait suivre de votre chien...

– Quoi! comment!... mon chien...

– Oui, Pluton... la concierge l'a reconnu...

---

1. *le boulevard extérieur*: voir la note 1, p. 33.

Les poings de Monistrol se crispèrent, il ouvrit la bouche
1050   pour répondre, mais une réflexion soudaine traversant son
esprit, il se rejeta sur son lit en disant d'un accent d'iné-
branlable résolution :

— C'est assez me torturer, vous ne m'arracherez plus un
mot...

1055   Il était clair qu'à insister on perdrait sa peine.

Nous nous retirâmes donc, et une fois dehors, sur le quai,
saisissant le bras de monsieur Méchinet :

— Vous l'avez entendu, lui dis-je, ce malheureux ne sait seulement pas de quelle façon a péri son oncle... Est-il possible
1060   encore de douter de son innocence !...

Mais c'était un terrible sceptique, que ce vieux policier.

— Qui sait !... répondit-il... j'ai vu de fameux comédiens en
ma vie... Mais en voici assez pour aujourd'hui... ce soir, je vous
emmène manger ma soupe... Demain, il fera jour et nous
1065   verrons...

Chapitre 7

Il n'était pas loin de dix heures lorsque monsieur Méchinet, que j'escortais toujours, sonna à la porte de son appartement.

– Je n'emporte jamais de passe-partout, me dit-il. Dans notre sacré métier, on ne sait jamais ce qui peut arriver... Il y a bien des gredins qui m'en veulent, et si je ne suis pas toujours prudent pour moi, je dois l'être pour ma femme.

L'explication de mon digne voisin était superflue : j'avais compris. J'avais même observé qu'il sonnait d'une façon particulière, qui devait être un signal convenu entre sa femme et lui.

Ce fut la gentille madame Méchinet qui vint nous ouvrir.

D'un mouvement preste et gracieux autant que celui d'une chatte, elle sauta au cou de son mari, en s'écriant :

– Te voilà donc !... je ne sais pourquoi, j'étais presque inquiète...

Mais elle s'arrêta brusquement : elle venait de m'apercevoir Sa gaie physionomie s'assombrit, et elle se recula ; et s'adressant autant à moi qu'à son mari :

– Quoi ! reprit-elle, vous sortez du café, à cette heure !... cela n'a pas le sens commun[1] !

Monsieur Méchinet avait aux lèvres l'indulgent sourire de l'homme sûr d'être aimé, qui sait pouvoir apaiser d'un seul mot la querelle qu'on lui cherche.

– Ne nous gronde pas, Caroline, répondit-il, m'associant à sa cause par ce pluriel, nous ne sortons pas du café et nous n'avons pas perdu notre temps... On est venu me chercher pour une affaire, pour un assassinat commis aux Batignolles.

D'un regard soupçonneux, la jeune femme nous examina alternativement, son mari et moi, et quand elle fut persuadée qu'on ne la trompait pas, elle fit seulement :

– Ah !...

---

1. *cela n'a pas le sens commun* : (VIEILLI) cela n'est pas raisonnable.

Mais il faudrait une page pour détailler tout ce que conte-
nait cette brève exclamation.

Elle s'adressait à monsieur Méchinet et signifiait clairement :
1100 « Quoi ! tu t'es confié à ce jeune homme, tu lui as révélé ta
situation, tu l'as initié à nos secrets ! »

C'est ainsi que je l'interprétais, ce « ah ! » si éloquent, et mon
digne voisin l'interpréta comme moi, car il répondit :

– Eh bien ! oui. Où est le mal ? Si j'ai à redouter la vengeance
1105 des misérables que j'ai livrés à la justice, qu'ai-je à craindre
des honnêtes gens ?... T'imaginerais-tu, par hasard, que je me
cache, que j'ai honte de mon métier...

– Tu m'as mal compris, mon ami, objecta la jeune femme...
Monsieur Méchinet ne l'entendit même pas.

1110 Il venait d'enfourcher – je connus ce détail plus tard – un
dada favori qui l'emportait toujours.

– Parbleu ! poursuivit-il, tu as de singulières idées, madame
ma femme. Quoi ! je suis une des sentinelles perdues de la civilisation, au prix de mon repos et au risque de ma vie, j'as-
1115 sure la sécurité de la société et j'en rougirais !... Ce serait par
trop plaisant[1]. Tu me diras qu'il existe, contre nous autres[2] de
la police, quantité de préjugés ineptes légués par le passé...
Que m'importe ! Oui, je sais qu'il y a des messieurs susceptibles qui nous regardent de très haut... Mais sacrebleu ! je vou-
1120 drais bien voir leur mine si demain mes collègues et moi nous
nous mettions en grève, laissant le pavé libre à l'armée de gredins que nous tenons en respect !

Accoutumée sans doute à des sorties[3] de ce genre, madame
Méchinet ne souffla mot, et bien elle fit, car mon brave voi-
1125 sin, ne rencontrant pas de contradiction, se calma comme par
enchantement.

---

1. *par trop plaisant* : beaucoup (*par*) trop drôle (*plaisant*).
2. *nous autres* : (tournure orale) nous, les gens.
3. *sorties* : attaques verbales.

— Mais en voici assez, dit-il à sa femme. Il s'agit pour l'instant d'une chose bien autrement importante... Nous n'avons pas dîné, nous mourons de faim, as-tu de quoi nous donner à souper ?...

1130

Ce qui arrivait ce soir devait être arrivé trop souvent pour que madame Méchinet se laissât prendre sans vert[1].

— Dans cinq minutes, ces messieurs seront servis, répondit-elle avec le plus aimable sourire.

1135

En effet, le moment d'après, nous nous mettions à table devant une belle pièce de bœuf froid, servie par madame Méchinet qui ne cessait de remplir nos verres d'un excellent petit vin de Mâcon.

Et moi, pendant que mon digne voisin jouait de la fourchette en conscience[2], considérant cet intérieur paisible qui

1140

était le sien, cette jolie petite femme prévenante qui était la sienne, je me demandais si c'était bien là un de ces « farouches » agents de la sûreté[3] qui ont été les héros de tant de récits absurdes.

1145

Cependant la grosse faim ne tarda pas à être apaisée, et monsieur Méchinet entreprit de raconter à sa femme notre expédition.

Et il ne racontait pas à la légère, il descendait dans les plus menus détails. Elle s'était assise à côté de lui, et à la façon dont

1150

elle écoutait, d'un petit air capable, demandant des explications quand elle n'avait pas bien compris, on devinait l'Égérie bourgeoise habituée à être consultée et qui a voix délibérative.

Lorsque monsieur Méchinet eut achevé :

1155

— Tu as fait une grande faute, lui dit-elle, une faute irréparable.

---

1. *prendre sans vert* : (FIG.) « Prendre quelqu'un sans vert, le prendre au dépourvu. » (*Littré*)

2. *en conscience* : avec un soin minutieux. (*Littré*)

3. *agents de la sûreté* : inspecteurs de police.

« [...] je me demandais si c'était bien là un de ces "farouches" agents de la sûreté [...] ». Gravure de Narcisse Borel, XIXe siècle.

— Laquelle ?...

— Ce n'est pas à la préfecture qu'il fallait aller, en quittant les Batignolles...

1160   — Cependant, Monistrol...

— Oui, tu voulais l'interroger... Quel bénéfice en as-tu retiré ?

— Cela m'a servi, ma chère amie...

— À rien. C'est rue Vivienne, que tu devais courir, chez la

1165 femme... Tu la surprenais sous le coup de l'émotion qu'elle a nécessairement ressentie de l'arrestation de son mari, et si

elle est complice, comme on doit le supposer, avec un peu d'adresse tu la confessais...

J'avais bondi sur ma chaise à ces mots.

1170   – Quoi, madame, m'écriai-je, vous croyez Monistrol coupable!...

Après un moment d'hésitation, elle répondit :

– Oui.

Puis très vivement :

1175   – Mais je suis sûre, entendez-vous, absolument sûre, que l'idée du meurtre vient de la femme. Sur vingt crimes commis par les hommes, quinze ont été conçus, ruminés et inspirés par des femmes... demandez à Méchinet. La déposition de la concierge eût dû vous éclairer. Qu'est-ce que cette

1180   madame Monistrol ? Une personne remarquablement belle, vous a-t-on dit, coquette, ambitieuse, rongée de convoitises et qui mène son mari par le bout du nez. Or quelle était sa position ? Mesquine, étroite, précaire[1]. Elle en souffrait, et la preuve c'est qu'elle a demandé à son oncle de lui prêter cent

1185   mille francs. Il les lui a refusés, faisant ainsi avorter ses espérances. Croyez-vous qu'elle ne lui en a pas voulu mortellement!... Allez, elle a dû se répéter bien souvent : "S'il mourait, cependant, ce vieil avare, nous serions riches, mon mari et moi!..." Et quand elle le voyait bien portant et solide comme

1190   un chêne, fatalement elle se disait : "Il vivra cent ans... quand il nous laissera son héritage, nous n'aurons plus de dents pour le croquer... et qui sait même s'il ne nous enterrera pas!..." De là à concevoir l'idée d'un crime, y a-t-il donc si loin ?... Et la résolution une fois arrêtée dans son esprit, elle aura pré-

1195   paré son mari de longue main[2], elle l'aura familiarisé avec la pensée d'un assassinat, elle lui aura mis, comme on dit, le couteau à la main... Et lui, un jour, menacé de la faillite, affolé par les lamentations de sa femme, il a fait le coup...

---

1. *Mesquine, étroite, précaire* : piètre, sans envergure, sans sécurité.

2. *de longue main* : depuis longtemps, par un long travail.

— Tout cela est logique, approuvait monsieur Méchinet.

1200   Très logique, sans doute, mais que devenaient les circonstances relevées par nous ?

— Alors, madame, dis-je, vous supposez Monistrol assez bête
pour s'être dénoncé en écrivant son nom...

Elle haussa légèrement les épaules, et répondit :

1205   — Est-ce une bêtise ? Moi, je soutiens que non, puisque c'est
votre argument le plus fort en faveur de son innocence.

Le raisonnement était si spécieux que j'en demeurai un moment interdit. Puis, me remettant :

— Mais il s'avoue coupable, madame, insistai-je.

1210   — Excellent moyen pour engager la justice à démontrer son
innocence...

— Oh !

— Vous en êtes la preuve, cher monsieur Godeuil.

— Eh ! madame, le malheureux ne sait pas comment son
1215   oncle a été tué !...

— Pardon, il a paru ne pas le savoir... ce qui n'est pas la
même chose.

La discussion s'animait, et elle eût duré longtemps encore,
si monsieur Méchinet n'y eût mis un terme.

1220   — Allons, allons, dit-il bonnement à sa femme, tu es par trop
romanesque, ce soir...

Et s'adressant à moi :

— Quant à vous, poursuivit-il, j'irai vous prendre demain,
et nous irons ensemble chez madame Monistrol... Et sur ce,
1225   comme je tombe de sommeil, bonne nuit...

Il dut dormir, lui, mais moi, je ne pus fermer l'œil.

Une voix secrète s'élevait du plus profond de moi-même,
qui me criait que Monistrol était innocent.

Mon imagination me représentait avec une vivacité dou-
1230   loureuse les tortures de ce malheureux, seul dans sa cellule
du dépôt...

Mais pourquoi avait-il avoué ?...

Chapitre 8

Ce qui me manquait alors – cent fois, depuis, j'ai eu l'occasion de m'en rendre compte –, c'était l'expérience, la pratique du métier ; c'était surtout la notion exacte des moyens d'action et d'investigation de la police.

Je sentais vaguement que cette enquête avait été mal, ou plutôt légèrement conduite, mais j'aurais été bien embarrassé de dire pourquoi, de dire surtout ce qu'il eût fallu faire.

Je ne m'en intéressais pas moins passionnément à Monistrol.

Il me semblait que sa cause était la mienne même. Et c'était bien naturel : ma jeune vanité se trouvait en jeu. N'était-ce pas une remarque de moi qui avait élevé les premiers doutes sur la culpabilité de ce malheureux ?

« Je me dois, me disais-je, de démontrer son innocence. »

Malheureusement, les discussions de la soirée m'avaient tellement troublé que je ne savais plus sur quel fait précis échafauder mon système.

Ainsi qu'il arrive toujours quand on applique trop longtemps son esprit à la solution d'un problème, mes idées se brouillaient comme un écheveau aux mains d'un enfant. Je n'y voyais plus clair, c'était le chaos.

Enfoncé dans mon fauteuil, je me torturais la cervelle, lorsque sur les neuf heures du matin, monsieur Méchinet, fidèle à sa promesse de la veille, vint me prendre.

– Allons ! allons ! fit-il, en me secouant brusquement, car je ne l'avais pas entendu entrer ; en route !...

– Je suis à vous, dis-je en me dressant.

Nous descendîmes en hâte, et je remarquai alors que mon digne voisin était vêtu avec plus de soin que de coutume.

Il avait réussi à se donner ces apparences débonnaires et cossues qui séduisent par-dessus tout le boutiquier parisien.

Sa gaieté était celle de l'homme sûr de soi, qui marche à une victoire certaine.

1265   Bientôt nous fûmes dans la rue, et tandis que nous
cheminions :

— Eh bien ! me demanda-t-il, que pensez-vous de ma
femme ?... Je passe pour un malin, à la préfecture, et cependant je la consulte – Molière consultait bien sa servante –, et
1270 souvent je m'en suis bien trouvé. Elle a un faible : pour elle,
il n'est pas de crimes bêtes, et son imagination prête à tous
les scélérats des combinaisons diaboliques... Mais comme j'ai
justement le défaut opposé, comme je suis un peu trop positif[1], peut-être, il est rare que de nos consultations ne jaillisse
1275 pas la vérité...

— Quoi ! m'écriai-je, vous pensez avoir pénétré le mystère
de l'affaire Monistrol !...

Il s'arrêta court, tira sa tabatière, aspira trois ou quatre de
ses prises imaginaires, et d'un ton de vaniteuse discrétion :

1280   — J'ai du moins le moyen de le pénétrer, répondit-il.

Cependant nous arrivions au haut de la rue Vivienne, non
loin de l'établissement de Monistrol.

— Attention ! me dit monsieur Méchinet ; suivez-moi, et, quoi
qu'il arrive, ne vous étonnez de rien.

1285   Il fit bien de me prévenir. J'aurais été sans cela singulièrement surpris de le voir entrer brusquement chez un marchand
de parapluies.

Raide et grave comme un Anglais, il se fit montrer tout ce
qu'il y avait dans la boutique, ne trouva rien à sa fantaisie et
1290 finit par demander s'il ne serait pas possible de lui fabriquer
un parapluie dont il fournirait le modèle.

On lui répondit que ce serait la chose la plus simple du
monde, et il sortit en annonçant qu'il reviendrait le lendemain.

Et, certes, la demi-heure qu'il avait passée dans ce maga-
1295 sin n'avait pas été perdue.

---

1. *positif* : « Qui s'appuie sur les faits, l'expérience. » (*Littré*)

Tout en examinant les objets qu'on lui soumettait, il avait eu l'art de tirer des marchands tout ce qu'ils savaient des époux Monistrol.

1300 Art facile, en somme, car l'affaire du « petit vieux des Batignolles », et l'arrestation du bijoutier en faux[1] avaient profondément ému le quartier et faisaient le sujet de toutes les conversations.

– Voilà, me dit-il quand nous fûmes dehors, comment on obtient des renseignements exacts... Dès que les gens savent 1305 à qui ils ont affaire, ils posent, ils font des phrases, et alors adieu la vérité vraie...

Cette comédie, monsieur Méchinet la répéta dans sept ou huit magasins aux environs.

Et même, dans l'un d'eux, dont les patrons étaient revêches 1310 et peu causeurs, il fit une emplette de vingt francs.

Mais après deux heures de cet exercice singulier, et qui m'amusait fort, nous connaissions exactement l'opinion publique. Nous savions au juste ce qu'on pensait de monsieur et madame Monistrol dans le quartier où ils étaient établis de- 1315 puis leur mariage, c'est-à-dire depuis quatre ans.

Sur le mari, il n'y avait qu'une voix.

C'était, affirmait-on, le plus doux et le meilleur des hommes, serviable, honnête, intelligent et travailleur. S'il n'avait pas réussi dans son commerce, c'est que la chance ne 1320 sert pas toujours ceux qui le méritent le plus. Il avait eu le tort de prendre une boutique vouée à la faillite, car depuis quinze ans quatre commerçants s'y étaient coulés[2].

Il adorait sa femme, tout le monde le savait et le disait, mais ce grand amour n'avait pas dépassé les bornes convenues ; il 1325 n'en était rejailli sur lui aucun ridicule...

Personne ne pouvait croire à sa culpabilité.

---

1. *bijoutier en faux* : voir la note 1, p. 45.
2. *s'y étaient coulés* : (FIG. et FAM.) y avaient perdu leur réputation et leur fortune. (*Littré*)

– Son arrestation, disait-on, doit être une erreur de la police.

Pour ce qui est de madame Monistrol, les avis étaient
1330   partagés.

Les uns la trouvaient trop élégante pour sa situation de fortune, d'autres soutenaient qu'une toilette à la mode était une
des obligations, une des nécessités du commerce de luxe
qu'elle tenait.

1335   En général, on était persuadé qu'elle aimait beaucoup son
mari.

Car, par exemple, il n'y avait qu'une voix pour célébrer sa
sagesse, sagesse d'autant plus méritoire qu'elle était remarquablement belle et qu'elle était assiégée par bien des ado-
1340   rateurs. Mais jamais elle n'avait fait parler d'elle, jamais le plus
léger soupçon n'avait effleuré sa réputation immaculée...

Cela, je le voyais bien, déroutait singulièrement monsieur
Méchinet.

– C'est prodigieux, me disait-il, pas un cancan, pas une mé-
1345   disance, pas une calomnie !... Ah ! ce n'est pas là ce que sup-
posait Caroline... D'après elle, nous devions trouver une de
ces boutiquières qui tiennent le haut du comptoir[1], qui éta-
lent leur beauté encore plus que leurs marchandises, et qui
relèguent à l'arrière-boutique leur mari – un aveugle imbé-
1350   cile ou un malpropre complaisant... Et pas du tout !

Je ne répondis pas, n'étant guère moins déconcerté que mon
voisin.

Nous étions loin, maintenant, de la déposition de la
concierge de la rue Lécluse, tant il est vrai que le point de vue
1355   varie selon le quartier. Ce qui passe aux Batignolles pour une
damnable coquetterie n'est plus rue Vivienne qu'une exigence
de situation.

---

1. *tiennent le haut du comptoir* : sont hautains.

Mais nous avions employé trop de temps déjà à notre enquête, pour nous arrêter à échanger nos impressions et à dis-
1360   cuter nos conjectures.

– Maintenant, dit monsieur Méchinet, avant de nous introduire dans la place, étudions-en les abords.

Et rompu à la pratique de ces investigations discrètes, au
milieu du mouvement de Paris, il me fit signe de le suivre sous
1365   une porte cochère, précisément en face du magasin de
Monistrol.

C'était une boutique modeste, presque pauvre, quand on
la comparait à celles qui l'entouraient. La devanture réclamait
le pinceau des peintres. Au-dessus, en lettres jadis dorées,
1370   maintenant enfumées et noircies, s'étalait le nom de Monistrol.
Sur les glaces, on lisait : « Or et imitation. »

Hélas ! c'était de l'imitation, surtout, qui reluisait à l'étalage.
Le long des tringles pendaient force chaînes en doublé[1], des
parures de jais, des diadèmes constellés de cailloux du Rhin,
1375   puis des colliers jouant le corail, et des broches, et des bagues,
et des boutons de manchettes rehaussés de pierres fausses de
toutes les couleurs…

Pauvre étalage en somme, je le reconnus d'un coup d'œil,
et qui ne devait pas tenter les voleurs à la vrille[2].
1380   – Entrons !… dis-je à monsieur Méchinet.

---

1. *en doublé* : (VIFII I I) « Orfèvrerie faite d'un métal ordinaire recouvert, par soudure, d'une
mince plaque de métal précieux. Plaqué. » (*Robert*)

2. *voleurs à la vrille* : dans ses *Mémoires* (1862), Canler répertorie avec minutie tous les
types de voleurs. « Le vol à la vrille s'exécute la nuit, en attaquant les devantures de
boutiques […]. [O]n perce quatre trous [avec une vrille] à égale distance et formant
le carré. Cette opération terminée, on introduit dans un des trous une petite scie à
couteau bien mince, bien étroite, mais d'une qualité supérieure, qui détache sans
bruit et en peu de temps la partie du volet comprise entre les quatre trous primiti-
vement percés. […] [L'ouverture] varie de la grandeur nécessaire à passer la main,
qui alors doit faire jouer à l'intérieur verrous et espagnolette, à celle même qui est
indispensable pour livrer passage à une personne. »

Il était moins impatient que moi, ou savait mieux contenir son impatience, car il m'arrêta par le bras en disant :

– Un instant... Je voudrais au moins entrevoir madame
Monistrol.

1385   Mais c'est en vain que, durant plus de vingt minutes encore, nous demeurâmes plantés à notre poste d'observation ;
la boutique restait vide, madame Monistrol ne paraissait pas.

– Décidément, c'est assez faire le pied de grue, s'exclama
enfin mon digne voisin ; arrivez, monsieur Godeuil, risquons-
1390   nous...

Chapitre 9

Pour être au magasin de Monistrol, nous n'avions qu'à traverser la rue...

Ce fut fait en quatre enjambées.

Au bruit de la porte qui s'ouvrait, une petite servante de quinze à seize ans, malpropre et mal peignée, sortit de l'arrière-boutique.

— Qu'y a-t-il pour le service de ces messieurs? demanda-t-elle.

— Madame Monistrol?

— Elle est là, messieurs, et je vais la prévenir, parce que, voyez-vous...

Monsieur Méchinet ne lui laissa pas le loisir d'achever.

D'un geste passablement brutal, je l'avoue, il l'écarta du passage et pénétra dans l'arrière-boutique en disant :

— C'est bon, puisqu'elle est là, je vais lui parler.

Moi, je marchais sur les talons de mon digne voisin, persuadé que nous ne sortirions pas sans connaître le mot de l'énigme[1].

C'était une triste pièce, que cette arrière-boutique, servant tout à la fois de salon, de salle à manger et de chambre à coucher.

Le désordre y régnait, et plus encore cette incohérence qu'on remarque chez les pauvres qui s'efforcent de paraître riches.

Au fond était un lit à rideaux de damas bleu, dont les oreillers étaient garnis de dentelles, et devant la cheminée se trouvait une table tout encombrée des débris d'un déjeuner plus que modeste.

Dans un grand fauteuil, une jeune femme blonde était assise, ou plutôt gisait une jeune femme très blonde, tenant à la main une feuille de papier timbré...

C'était madame Monistrol...

---

1. *mot de l'énigme* : (FIG.) « L'explication de ce qu'on ne comprenait pas. » (*Robert*)

Et certes, quand ils nous parlaient de sa beauté, tous les voisins étaient restés bien au-dessous de la réalité... je fus ébloui.

1425 Seulement une circonstance me déplut : elle était en grand deuil, vêtue d'une robe de crêpe légèrement décolletée qui lui seyait merveilleusement...

C'était trop de présence d'esprit pour une si grande douleur. Il me sembla voir là l'artifice d'une comédienne revêtant d'avance le costume du rôle qu'elle doit jouer.

1430 À notre entrée, elle se dressa, d'un mouvement de biche effarouchée, et d'une voix qui paraissait brisée par les larmes :

– Que voulez-vous, messieurs ? interrogea-t-elle.

Tout ce que j'avais observé, monsieur Méchinet l'avait
1435 remarqué comme moi.

– Madame, répondit-il durement, je suis envoyé par la justice, je suis un agent du service de la sûreté[1].

À cette déclaration, elle se laissa d'abord retomber sur son fauteuil avec un gémissement qui eût attendri un tigre...

1440 Puis, tout à coup, saisie d'une sorte d'enthousiasme, l'œil brillant et la lèvre frémissante :

– Venez-vous donc pour m'arrêter !... s'écria-t-elle. Alors soyez béni... Tenez, je suis prête, emmenez-moi... Ainsi, j'irai rejoindre cet honnête homme, que vous avez arrêté hier soir...
1445 Quel que soit son sort, je veux le partager... Il est innocent, comme je le suis moi-même... n'importe !... S'il doit être victime d'une erreur de la justice humaine, ce me sera une dernière joie de mourir avec lui !...

Elle fut interrompue par un grognement sourd, qui partait
1450 d'un des angles de l'arrière-boutique.

Je regardai, et j'aperçus un chien noir, les poils hérissés et les yeux injectés de sang, qui nous montrait les dents prêt à sauter sur nous...

---

1. *sûreté* : voir la note 3, p. 68.

— Taisez-vous, Pluton ! fit madame Monistrol ; allons,
1455 allez vous coucher, ces messiers ne me veulent pas de mal.

Lentement, et sans cesser de nous fixer d'un regard furieux,
le chien se réfugia sous le lit.

— Vous avez raison de dire que nous ne vous voulons pas
de mal, madame, reprit monsieur Méchinet, nous ne sommes
1460 pas venus pour vous arrêter...

Si elle entendit, il n'y parut guère.

— Déjà ce matin, poursuivit-elle, j'ai reçu ce papier que je
tiens, et qui me commande de me rendre ce tantôt[1], à trois
heures, au Palais de Justice, dans le cabinet du juge d'ins-
1465 truction[2]... Que veut-on de moi, mon Dieu !... que veut-on
de moi ?...

— Obtenir des éclaircissements qui démontreront, je l'espère, l'innocence de votre mari... Ainsi, madame, ne me consi-
dérez pas comme un ennemi... ce que je veux, c'est faire écla-
1470 ter la vérité...

Il arbora sa tabatière, y fourra précipitamment les doigts,
et d'un ton solennel, que je ne lui connaissais pas :

— C'est vous dire, madame, reprit-il, de quelle importance
seront vos réponses aux questions que je vais avoir l'honneur
1475 de vous adresser... Vous convient-il de me répondre fran-
chement ?

Elle arrêta longtemps ses grands yeux bleus noyés de larmes
sur mon digne voisin, et d'un ton de douloureuse résignation :

— Questionnez-moi, monsieur, dit-elle.

1480 Pour la troisième fois, je le répète, j'étais absolument
inexpérimenté. Et cependant, je souffrais de la façon dont
monsieur Méchinet avait entamé cet interrogatoire.

Il trahissait, me paraissait-il, ses perplexités, et au lieu
de poursuivre un but arrêté d'avance, portait ses coups au
1485 hasard.

---

1. *ce tantôt* : cet après-midi.
2. *juge d'instruction* : voir la note 2, p. 34.

Ah ! si on m'eût laissé faire !... Ah ! si j'avais osé !...

Lui, impénétrable, s'était assis en face de madame Monistrol.

— Vous devez savoir, madame, commença-t-il, que c'est avant-hier soir, sur les onze heures, qu'a été assassiné le sieur Pigoreau, dit Anténor, l'oncle de votre mari...

— Hélas !...

— Où était à cette heure-là monsieur Monistrol ?

— Mon Dieu !... c'est une fatalité...

Monsieur Méchinet ne sourcilla pas.

— Je vous demande, madame, insista-t-il, où votre mari a passé la soirée d'avant-hier.

Il fallut à la jeune femme du temps pour répondre, parce que les sanglots semblaient l'étouffer. Enfin, se maîtrisant :

— Avant-hier, gémit-elle, mon mari a passé la soirée hors de la maison.

— Savez-vous où il était ?

— Oh ! pour cela oui... Un de nos ouvriers, qui habite Montrouge[1], avait à nous livrer une parure de perles fausses et ne la livrait pas... Nous risquions de garder la commande pour compte[2], ce qui eût été un désastre, car nous ne sommes pas riches... C'est pourquoi, en dînant, mon mari me dit : "Je vais aller jusque chez ce gaillard-là !..." Et, en effet, sur les neuf heures, il est sorti, et même je suis allée le conduire jusqu'à l'omnibus, où il est monté devant moi, rue Richelieu.

Je respirai plus librement... Ce pouvait être un alibi, après tout.

Monsieur Méchinet eut la même pensée, et plus doucement :

— S'il en est ainsi, reprit-il, votre ouvrier pourra affirmer qu'il a vu monsieur Monistrol chez lui à onze heures...

1. *Montrouge* : Montrouge est situé en banlieue sud de Paris. Au moment de l'édification de l'enceinte de Thiers (1841), une partie de Montrouge allait devenir un quartier du XIVe arrondissement, Petit-Montrouge. Cette banlieue et ce quartier sont situés à l'opposé des Batignolles.

2. *garder la commande pour compte* : ne pas livrer la commande à l'acheteur.

1515   — Hélas ! non...

— Comment !... Pourquoi ?...

— Parce qu'il était sorti... Mon mari ne l'a pas vu.

— En effet, c'est une fatalité... Mais il se peut que la concierge ait remarqué monsieur Monistrol...

1520   — Notre ouvrier demeure dans une maison où il n'y a pas de concierge.

Ce pouvait être la vérité... C'était à coup sûr une terrible charge contre le malheureux prévenu.

— Et à quelle heure est rentré votre mari ? continua mon-
1525   sieur Méchinet.

— Un peu après minuit.

— Vous n'avez pas trouvé qu'il était bien longtemps absent ?

— Oh ! si... et même je lui en ai fait des reproches... Il m'a répondu pour s'excuser, qu'il avait pris par le plus long, qu'il
1530   avait flâné en chemin et qu'il s'était arrêté à un café pour boire un verre de bière...

— Quelle physionomie avait-il, en rentrant ?

— Il m'a paru contrarié, mais c'était bien naturel...

— Quels vêtements avait-il ?

1535   — Ceux qu'il portait quand on l'a arrêté.

— Vous n'avez rien observé en lui d'extraordinaire ?

— Rien.

Chapitre 10

Debout, un peu en arrière de monsieur Méchinet, je pouvais à mon loisir observer le visage de madame Monistrol
1540 et y surprendre les plus fugitives manifestations de ses impressions.

Elle paraissait accablée d'une douleur immense, de grosses larmes roulaient le long de ses joues pâlies, et cependant il me semblait par moments découvrir au fond de ses grands
1545 yeux bleus comme un éclair de joie.

« Serait-elle donc coupable !... » pensais-je.

Et cette idée qui déjà m'était venue, se représentant plus obstinément à mon esprit, je m'avançai vivement, et d'un ton brusque :
1550 — Mais vous, madame, demandai-je, vous, où étiez-vous, pendant cette soirée fatale, à l'heure où votre mari courait inutilement à Montrouge, à la recherche de son ouvrier ?...

Elle arrêta sur moi un long regard plein de stupeur, et doucement :
1555 — J'étais ici, monsieur, répondit-elle ; des témoins vous l'affirmeront.

— Des témoins !

— Oui, monsieur... Il faisait si chaud, ce soir-là, que j'eus envie de prendre une glace... mais la prendre seule m'ennuyait.
1560 J'envoyai donc ma bonne inviter deux de mes voisines, madame Dorstrich, la femme du bottier dont le magasin touche le nôtre, et madame Rivaille, la gantière d'en face... Ces deux dames acceptèrent mon invitation, et elles sont restées ici jusqu'à onze heures et demie... Interrogez-les, elles vous le di-
1565 ront... Au milieu des épreuves si cruelles que je subis, cette circonstance fortuite est une faveur du bon Dieu...

Était-ce bien une circonstance fortuite ?...

Voilà ce que d'un coup d'œil plus rapide que l'éclair nous nous demandâmes, monsieur Méchinet et moi.

1570   Quand le hasard est si intelligent que cela, quand il sert une
cause avec tant d'à-propos, il est bien difficile de ne point le
soupçonner d'avoir été quelque peu préparé et provoqué.

Mais le moment était mal choisi de découvrir le fond de
notre pensée.

1575   — Vous n'avez jamais été soupçonnée, vous, madame, déclara effrontément monsieur Méchinet. Le pis qu'on puisse
supposer c'est que votre mari vous ait dit quelque chose du
crime avant de le commettre...

— Monsieur... si vous nous connaissiez...

1580   — Attendez... Votre commerce ne va pas très bien, nous
a-t-on dit, vous étiez gênés[1]...

— Momentanément, oui, en effet...

— Votre mari devait être malheureux et inquiet de cette situation précaire... Il devait en souffrir surtout pour vous, qu'il

1585   adore, pour vous, qui êtes jeune et belle... Pour vous, plus que
pour lui, il devait désirer ardemment les jouissances du luxe
et les satisfactions d'amour-propre que procure la fortune...

— Monsieur, encore une fois, mon mari est innocent...

D'un air réfléchi, monsieur Méchinet parut s'emplir le nez

1590   de tabac, puis tout à coup :

— Alors, sacrebleu ! comment expliquez-vous ses aveux !...
Un innocent qui se déclare coupable au seul énoncé du crime
dont il est soupçonné, c'est rare, cela, madame, c'est prodigieux !

1595   Une fugitive rougeur monta aux joues de la jeune femme.

Pour la première fois, son regard, jusqu'alors droit et clair,
se troubla et vacilla.

— Je suppose, répondit-elle d'une voix peu distincte, et avec
un redoublement de larmes, je crois que mon mari, saisi

1600   d'épouvante et de stupeur, en se voyant accusé d'un si grand
crime, a perdu la tête.

Monsieur Méchinet hocha la tête.

---

1. *gênés* : dans une situation financière embarrassante.

– À la grande rigueur, prononça-t-il, on pourrait admettre un délire passager... mais ce matin, après toute une longue
1605 nuit de réflexions, monsieur Monistrol persiste dans ses premiers aveux.

Était-ce vrai? Mon digne voisin prenait-il cela sous son bonnet, ou bien, avant de venir me chercher, était-il allé prendre langue[1] au dépôt?

1610 Quoi qu'il en soit, la jeune femme parut près de s'évanouir, et cachant sa tête entre ses mains, elle murmura:

– Seigneur Dieu!... Mon pauvre mari est devenu fou.

Ce n'était pas là, il s'en faut, mon opinion.

Persuadé, désormais, que j'assistais à une comédie et que
1615 le grand désespoir de cette jeune femme n'était que mensonge, je me demandais si, pour certaines raisons qui m'échappaient, elle n'avait pas déterminé le parti terrible pris par son mari, et si, lui innocent, elle ne connaissait pas le vrai coupable.

Mais monsieur Méchinet n'avait pas l'air d'un homme qui
1620 en cherche si long[2].

Après avoir adressé à la jeune femme quelques consolations trop banales pour l'engager en quoi que ce soit, il en était venu à lui donner à entendre qu'elle dissiperait bien des préventions[3] en se prêtant de bonne grâce à une minutieuse per-
1625 quisition de son domicile.

Cette ouverture, elle la saisit avec un empressement qui n'était pas feint.

– Cherchez, messieurs, nous dit-elle, examinez, fouillez partout... C'est un service que vous me rendrez... Et ce ne sera
1630 pas long... Nous n'avons en nom[4] que la boutique, l'arrière-boutique où nous sommes, la chambre de notre bonne au sixième, et une petite cave.... Voici les clefs de partout.

---

1. *prendre langue*: «Aller aux renseignements.» (*Littré*)
2. *cherche si long*: «[Est] adroit, habile, rusé.» (*Littré*)
3. *préventions*: dispositions d'esprit hostiles. (*Robert*)
4. *avons en nom*: possédons.

À mon vif étonnement, monsieur Méchinet accepta, et il parut se livrer aux plus exactes comme aux plus patientes investigations.

Où voulait-il en venir?... Il ne pouvait pas ne pas avoir quelque but secret, car ces recherches, évidemment, ne devaient aboutir à rien.

Dès qu'en apparence il eut terminé :

— Reste la cave à explorer, fit-il.

— Je vais vous y conduire, monsieur, dit madame Monistrol.

Et aussitôt, s'armant d'une bougie allumée, elle nous fit traverser une cour où l'arrière-boutique avait une seconde issue, et nous guida à travers un escalier fort glissant, jusqu'à une porte qu'elle nous ouvrit en nous disant :

— C'est là... entrez, messieurs.

Je commençais à comprendre.

D'un regard prompt et exercé, mon digne voisin avait examiné la cave. Elle était misérablement tenue et plus misérablement montée. Dans un coin était debout un petit tonneau de bière, et juste en face, assujettie sur des bûches, se trouvait une barrique de vin, munie d'une cannelle[1] de bois pour tirer à même. À droite, sur des tringles de fer, étaient rangées une cinquantaine de bouteilles pleines.

Ces bouteilles, monsieur Méchinet ne les perdait pas de vue, et il trouva l'occasion de les déranger une à une.

Et ce que je vis, il le remarqua : pas une d'elles n'était cachetée de cire verte.

Donc, le bouchon ramassé par moi, et qui avait servi à garantir la pointe de l'arme du meurtrier, ne sortait pas de la cave des Monistrol.

— Décidément, fit monsieur Méchinet, en affectant un certain désappointement, je ne trouve rien... nous pouvons remonter.

---

1. *cannelle* : « Robinet formé d'un morceau de bois ou de métal creusé pour tirer le vin. » (*Littré*)

1665   C'est ce que nous fîmes, mais non dans le même ordre qu'en descendant, car au retour je marchais le premier...

    Ce fut donc moi qui ouvris la porte de l'arrière-boutique, et tout aussitôt le chien des époux Monistrol se précipita sur moi en aboyant avec tant de fureur que je me jetai en arrière.

1670   – Diable ! il est méchant votre chien ! dit monsieur Méchinet à la jeune femme.

    Déjà, d'un geste de la main elle l'avait écarté.

    – Non, certes, il n'est pas méchant, fit-elle, seulement il est bon de garde... Nous sommes bijoutiers, plus exposés aux

1675 voleurs que les autres, nous l'avons dressé...

    Machinalement, ainsi qu'on fait toujours quand on a été menacé par un chien, j'appelai celui-ci, par son nom, que je savais :

    – Pluton !... Pluton !...

1680   Mais lui, au lieu d'approcher, reculait en grondant, montrant ses dents aiguës.

    – Oh ! il est inutile que vous l'appeliez, fit étourdiment madame Monistrol, il ne vous obéira pas.

    – Tiens !... pourquoi cela ?

1685   – Ah ! c'est qu'il est fidèle, comme tous ceux de sa race, il ne connaît que son maître et moi...

    Ce n'était rien en apparence, cette phrase.

    Elle fut pour moi comme un trait de lumière... Et, sans réfléchir, plus prompt que je ne le serais aujourd'hui :

1690   – Où donc était-il, madame, ce chien si fidèle, le soir du crime ? demandai-je.

    Tel fut l'effet que lui produisit cette question à brûle-pourpoint, qu'elle faillit lâcher le bougeoir qu'elle tenait encore.

1695   – Je ne sais pas, balbutia-t-elle, je ne me rappelle pas...

    – Peut-être avait-il suivi votre mari...

    – En effet, oui, il me semble maintenant me le rappeler...

    – C'est donc qu'il est dressé à suivre les voitures, car vous nous avez dit avoir conduit votre mari jusqu'à l'omnibus !

1700   Elle se taisait, et j'allais poursuivre, quand monsieur Méchinet m'interrompit. Bien loin de profiter du trouble de la jeune femme, il parut prendre à tâche de la rassurer, et après lui avoir bien recommandé d'obéir à la citation du juge d'instruction, il m'entraîna.

1705   Puis, quand nous fûmes dehors :

— Perdez-vous donc la tête ? me dit-il.

Le reproche me blessa.

— Est-ce donc perdre la tête, fis-je, que de trouver la solution du problème ?... Or, je l'ai, cette solution... Le chien de
1710   Monistrol nous guidera jusqu'à la vérité.

Ma vivacité fit sourire mon digne voisin, et d'un ton paternel :

— Vous avez raison, me dit-il, et je vous ai bien compris... Seulement, si madame Monistrol a pénétré vos soupçons,
1715   avant ce soir, le chien sera mort ou aura disparu.

Chapitre 11

J'avais commis une imprudence énorme, c'est vrai...

Je n'en avais pas moins trouvé le défaut de la cuirasse, ce joint par où on désarticule le plus solide système de défense.

1720 Moi, conscrit volontaire, j'avais vu clair là où le vieux routier de la sûreté s'égarait à tâtons.

Un autre peut-être eût été jaloux et m'en eût voulu. Lui, non.

Il ne songeait qu'à tirer parti de mon heureuse découverte, et comme il le disait, ce ne devait pas être la mer à boire, main-
1725 tenant que la prévention[1] s'appuyait sur un point de départ positif[2].

Nous entrâmes donc dans un restaurant voisin pour tenir conseil tout en déjeunant.

Et voici où en était le problème, qui, l'heure d'avant, sem-
1730 blait insoluble.

Il nous était prouvé jusqu'à l'évidence que Monistrol était innocent. Pourquoi il s'était avoué coupable ? Nous pensions bien le deviner, mais la question n'était pas là pour le moment.

Nous étions également sûrs que madame Monistrol n'avait
1735 pas bougé de chez elle le soir du meurtre... Mais tout démontrait qu'elle était moralement complice du crime, qu'elle en avait eu connaissance, si même elle ne l'avait conseillé et préparé, et que par contre elle connaissait très bien l'assassin...

1740 Qui était-il donc, cet assassin ?...

Un homme à qui le chien de Monistrol obéissait comme à ses maîtres, puisqu'il s'en était fait suivre en allant aux Batignolles...

Donc, c'était un familier de la maison Monistrol.

---

1. *prévention* : voir la note 2, p. 51.
2. *positif* : voir la note 1, p. 36.

1745   Il devait haïr le mari, cependant, puisqu'il avait tout combiné avec une infernale adresse pour que le soupçon du crime retombât sur cet infortuné.

Il fallait, d'un autre côté, qu'il fût bien cher à la femme, puisque le connaissant elle ne le livrait pas, lui sacrifiant sans
1750   hésiter son mari...

Donc...

Oh! mon Dieu! la conclusion était toute formulée. L'assassin ne pouvait être qu'un misérable hypocrite, qui avait abusé de l'affection et de la confiance du mari pour s'empa-
1755   rer de la femme.

Bref, madame Monistrol, mentant à sa réputation, avait certainement un amant, et cet amant, nécessairement était le coupable...

Tout plein de cette certitude, je me mettais l'esprit à la tor-
1760   ture pour imaginer quelque ruse infaillible qui nous conduisît jusqu'à ce misérable.

— Et voici, disais-je, à monsieur Méchinet, comment nous devons, je pense, opérer... Madame Monistrol et l'assassin ont dû convenir qu'après le crime ils resteraient un certain temps
1765   sans se voir; c'est de la prudence la plus élémentaire... Mais croyez que l'impatience ne tardera pas à gagner la femme, et qu'elle voudra revoir son complice... Placez donc près d'elle un observateur qui la suivra partout, et avant deux fois quarante-huit heures l'affaire est dans le sac...

1770   Acharné après sa tabatière vide, monsieur Méchinet demeura un moment sans répondre, mâchonnant entre ses dents je ne sais quelles paroles inintelligibles.

Puis tout à coup, se penchant vers moi:

— Vous n'y êtes pas, me dit-il. Le génie de la profession, vous
1775   l'avez, c'est sûr, je ne vous le conteste pas, mais la pratique vous fait défaut... Je suis là, moi, par bonheur... Quoi! une phrase à propos du crime vous met sur la piste, et vous ne poursuivez pas...

— Comment cela?

1780   — Il faut l'utiliser, ce caniche[1] fidèle.

— Je ne saisis pas bien...

— Alors sachez attendre... Madame Monistrol sortira vers deux heures, pour être à trois au Palais de Justice, la petite bonne seule à la boutique... vous verrez, je ne vous dis que 1785 cela !...

Et en effet, j'eus beau insister, il ne voulut rien dire de plus, se vengeant de sa défaite par cette bien innocente malice. Bon gré mal gré, je dus le suivre au café le plus proche, où il me força de jouer aux dominos.

1790 Je jouais mal, préoccupé comme je l'étais, et il en abusait sans vergogne pour me battre, lorsque la pendule sonna deux heures.

— Debout, les hommes du poste ! me dit-il en abandonnant ses dés[2].

1795 Il paya, nous sortîmes, et l'instant d'après nous étions de nouveau en faction sous la porte cochère, d'où nous avions étudié les abords du magasin Monistrol.

Nous n'y étions pas depuis dix minutes, quand madame Monistrol apparut sur le seuil de sa boutique, vêtue de noir, 1800 avec un grand voile de crêpe, comme une veuve.

— Jolie toilette d'instruction ! grommela monsieur Méchinet.

Elle adressa quelques recommandations à sa petite domestique et ne tarda pas à s'éloigner.

Patiemment, mon compagnon attendit cinq grandes mi-1805 nutes, et quand il supposa la jeune femme déjà loin :

— Il est temps, me dit-il.

Et pour la seconde fois nous pénétrâmes dans le magasin de bijouterie.

---

1. *caniche* : après avoir été un roquet (ligne 629), puis un loulou (ligne 860), le chien est maintenant désigné comme caniche, un chien barbet à poil frisé.

2. *dés* : synonyme de dominos. (*Littré*)

La petite bonne y était seule, assise dans le comptoir[1], gri-
1810 gnotant pour se distraire quelque morceau de sucre volé à sa
patronne.

Dès que nous parûmes, elle nous reconnut, et toute
rouge et un peu effrayée, elle se dressa.

Mais sans lui laisser le temps d'ouvrir la bouche :
1815 — Où est madame Monistrol ? demanda monsieur Méchinet.

— Sortie, monsieur.

— Vous me trompez... Elle est là, dans l'arrière-boutique.

— Messieurs, je vous jure que non... Regardez-y, plutôt.

C'est de l'air le plus contrarié que monsieur Méchinet se
1820 frappait le front, en répétant :

— Comme c'est désagréable, mon Dieu !.. comme cette
pauvre madame Monistrol va être désolée...

Et la petite bonne le regardant bouche béante, l'œil arrondi
d'étonnement :
1825 — Mais au fait, continua-t-il, vous, ma jolie fille, vous pouvez peut-être remplacer votre patronne... Si je reviens, c'est
que j'ai perdu l'adresse du monsieur qu'elle m'avait prié de
visiter...

— Quel monsieur ?...
1830 — Vous savez bien, monsieur... Allons, bon, voici que j'ou-
blie son nom, maintenant !... Monsieur... parbleu ! vous ne
connaissez que lui... Ce monsieur à qui votre diable de chien
obéit si bien...

— Ah ! monsieur Victor...
1835 — C'est cela, juste... Que fait-il ce monsieur ?

---

1. *dans le comptoir* : l'usage est vraiment inusité. L'employé est généralement derrière
son comptoir et non dedans. On trouve toutefois ce passage de Flaubert, dans *Madame
Bovary* (1857), qui cautionne l'usage de Gaboriau : « Et, pour remettre en place son
fauteuil, Homais se précipitait hors du comptoir, quand Binet lui demanda une demi-
once d'acide de sucre. » Si on peut se précipiter hors d'un comptoir, c'est donc qu'on
peut être dedans, d'autant que certains comptoirs sont clos.

– Il est ouvrier bijoutier... C'est un grand ami de monsieur...
Ils travaillaient ensemble, quand monsieur était ouvrier bijoutier avant d'être patron, et c'est même pour cela qu'il fait
tout ce qu'il veut de Pluton...

1840   – Alors, vous pouvez me dire où il demeure ce monsieur
Victor...

– Certainement. Il demeure rue du Roi-Doré[1], numéro 23.

Elle paraissait toute heureuse, la pauvre fille, d'être si bien
informée, et moi, je souffrais, de l'entendre ainsi dénoncer,
1845   sans s'en douter, sa patronne...

Plus endurci, monsieur Méchinet n'avait pas de ces déli-
catesses.

Et même, nos renseignements obtenus, c'est par une triste
raillerie qu'il termina la scène...

1850   Au moment où j'ouvrais la porte pour nous retirer :

– Merci, dit-il à la jeune fille, merci ! Vous venez de rendre
un fier service à madame Monistrol, et elle sera bien
contente...

---

1. *rue du Roi-Doré* : cette rue n'est pas à Montrouge comme il le faudrait logiquement
(voir ligne 1503), mais dans le IIIe arrondissement, sur la Rive droite. Balzac vécut
au 7 de cette rue, de 1822 à 1824.

Chapitre 12

Aussitôt sur le trottoir, je n'eus plus qu'une idée.

1855   Ajuster nos flûtes et courir rue du Roi-Doré, arrêter ce Victor, le vrai coupable, bien évidemment.

Un mot de monsieur Méchinet tomba comme une douche sur mon enthousiasme.

— Et la justice! me dit-il. Sans un mandat du juge d'ins-
1860   truction[1], je ne puis rien... C'est au Palais de Justice qu'il faut courir...

— Mais nous y rencontrerons madame Monistrol, et si elle nous voit, elle fera prévenir son complice...

— Soit, répondit monsieur Méchinet, avec une amertume
1865   mal déguisée, soit!... le coupable s'évadera et la forme sera sauvée... Cependant, je pourrai prévenir ce danger. Marchons, marchons plus vite.

Et de fait, l'espoir du succès lui donnait des jambes de cerf. Arrivé au Palais, il gravit quatre à quatre le raide escalier qui
1870   conduit à la galerie des juges d'instruction, et, s'adressant au chef des huissiers, il lui demanda si le magistrat chargé de l'affaire du *petit vieux des Batignolles* était dans son cabinet.

— Il y est, répondit l'huissier, avec un témoin, une jeune dame en noir.

1875   — C'est bien elle! me dit mon compagnon.

Puis à l'huissier:

— Vous me connaissez, poursuivit-il... Vite, donnez-moi de quoi écrire au juge un petit mot que vous lui porterez.

---

1. *mandat du juge d'instruction*: les investigations du juge d'instruction ont trois buts:
1) il cherche à établir les faits et leurs auteurs; 2) il cherche à éclairer la personna-
lité du suspect: sa vie, son passé judiciaire, ses déficiences mentales; 3) il décerne
des mandats ou sollicite une détention provisoire. Dans ce cas, le juge d'instruction
possède des «pouvoirs de coercition qualifiés mesures de sûreté» (Renaud Van
Ruymbeke, *Le Juge d'instruction*, p. 46). Méchinet ne peut procéder à l'arrestation de
Victor «au nom de la loi» s'il n'en a pas le mandat. Petite curiosité: la présence de
Godeuil est tolérée depuis le début de l'enquête sans que le juge d'instruction n'y
voie de contravention à la loi. Cette licence relève de la fiction.

L'huissier partit avec le billet, traînant ses chausses sur le
1880 carreau poussiéreux, et ne tarda pas à revenir nous annoncer que le juge nous attendait au n° 9.

Pour recevoir monsieur Méchinet, le magistrat avait laissé
madame Monistrol dans son cabinet, sous la garde de son greffier, et avait emprunté la pièce d'un de ses confrères.

1885   – Qu'y a-t-il? demanda-t-il d'un ton qui me permit de
mesurer l'abîme qui sépare un juge d'un pauvre agent de la
sûreté.

Brièvement et clairement, monsieur Méchinet exposa nos
démarches, leurs résultats et nos espérances.

1890   Faut-il le dire, le magistrat ne sembla guère partager nos
convictions.

– Mais puisque Monistrol avoue!... répétait-il avec une obs-
tination qui m'exaspérait.

Cependant, après bien des explications:
1895   – Je vais toujours signer un mandat, dit-il.

En possession de cette pièce indispensable, monsieur
Méchinet s'envola si lestement que je faillis tomber en me pré-
cipitant à sa suite dans les escaliers... Un cheval de fiacre ne
nous eût pas suivis... Je ne sais pas si nous mîmes un quart
1900 d'heure à nous rendre rue du Roi-Doré.

Mais une fois là:

– Attention! me dit monsieur Méchinet.

Et c'est de l'air le plus posé qu'il s'engagea dans l'allée étroite
de la maison qui porte le numéro 23.

1905   – Monsieur Victor? demanda-t-il au concierge.

– Au quatrième, la porte à droite dans le corridor.

– Est-il chez lui?

– Oui.

Monsieur Méchinet fit un pas vers l'escalier, puis semblant
1910 se raviser:

– Il faut que je le régale d'une bonne bouteille, ce brave
Victor, dit-il au portier... Chez quel marchand de vin va-t-il,
par ici?...

— Chez celui d'en face.

1915   Nous y fûmes d'un saut, et d'un ton d'habitué monsieur Méchinet commanda :

— Une bouteille, s'il vous plaît, et du bon... du cachet vert.

Ah ! par ma foi ! cette idée ne me fût pas venue, en ce temps-là ! Elle était bien simple, pourtant.

1920   La bouteille nous ayant été apportée, mon compagnon exhiba le bouchon trouvé chez le sieur Pigoreau, dit Anténor, et il nous fut aisé de constater l'identité[1] de la cire.

À notre certitude morale, se joignait désormais une certitude matérielle, et c'est d'un doigt assuré que monsieur

1925 Méchinet frappa à la porte de Victor.

— Entrez ! nous cria une voix bien timbrée.

La clef était sur la porte, nous entrâmes, et dans une chambre fort propre, j'aperçus un homme d'une trentaine d'années, fluet, pâle et blond, qui travaillait devant un établi.

1930   Notre présence ne parut pas le troubler.

— Que voulez-vous ? demanda-t-il poliment.

Monsieur Méchinet s'avança jusqu'à lui, et le saisissant par le bras :

— Au nom de la loi, dit-il, je t'arrête !

1935   L'homme devint livide, mais ne baissa pas les yeux.

— Vous moquez-vous de moi ?... dit-il d'un air insolent. Qu'est-ce que j'ai fait ?...

Monsieur Méchinet haussa les épaules.

— Ne fais donc pas l'enfant ! répondit-il, ton compte est

1940 réglé... On t'a vu sortir de chez le père Anténor, et j'ai dans ma poche le bouchon dont tu t'es servi pour empêcher ton poignard de s'épointer...

Ce fut comme un coup de poing sur la nuque du misérable... Il s'écrasa sur sa chaise en bégayant :

1945   — Je suis innocent...

---

1. *identité* : similitude.

– Tu diras cela au juge, fit bonnement monsieur Méchinet, mais je crains bien qu'il ne te croie pas... Ta complice, la femme Monistrol, a tout avoué...

Comme s'il eût été mû par un ressort, Victor se redressa.

1950 – C'est impossible!... s'écria-t-il. Elle n'a rien su...

– Alors tu as fait le coup tout seul?... Très bien!... C'est toujours autant de confessé.

Puis s'adressant à moi en homme sûr de son fait:

– Cherchez donc dans les tiroirs, cher monsieur Godeuil,
1955 poursuivit monsieur Méchinet, vous y trouverez probablement le poignard de ce joli garçon, et très certainement les lettres d'amour et le portrait de sa dulcinée.

Un éclair de fureur brilla dans l'œil de l'assassin et ses dents grincèrent, mais la puissante carrure et la poigne de fer
1960 de monsieur Méchinet éteignirent en lui toute velléité de résistance.

Je trouvai d'ailleurs dans un tiroir de la commode tout ce que mon compagnon m'avait annoncé.

Et vingt minutes plus tard, Victor, « proprement emballé[1] »
1965 – c'est l'expression – dans un fiacre, entre monsieur Méchinet et moi, roulait vers la préfecture de police.

« Quoi, me disais-je, stupéfié de la simplicité de la scène, l'arrestation d'un assassin, d'un homme promis à l'échafaud, ce n'est que cela!... »

1970 Je devais plus tard apprendre à mes dépens qu'il est des criminels plus terribles...

Celui-ci, dès qu'il se vit dans la cellule du dépôt, se sentant perdu, s'abandonna et nous dit son crime par le menu[2].

Il connaissait, nous déclara-t-il, de longue date le père
1975 Pigoreau et en était connu. Son but, en l'assassinant, était surtout de faire retomber sur Monistrol le châtiment du crime.

---

1. *emballé*: voir la note 1, p. 47.
2. *par le menu*: en détail.

Voilà pourquoi il s'était habillé comme Monistrol et s'était fait suivre de Pluton. Et une fois le vieillard assassiné, il avait eu l'horrible courage de tremper dans le sang le doigt du cadavre pour tracer ces cinq lettres : *Monis*, qui avaient failli perdre un innocent.

— Et c'était joliment combiné, allez, nous disait-il avec une cynique forfanterie... Si j'avais réussi, je faisais d'une pierre deux coups : je me débarrassais de mon ami Monistrol que je hais et dont je suis jaloux, et j'enrichissais la femme que j'aime...

C'était simple et terrible, en effet.

— Malheureusement, mon garçon, objecta monsieur Méchinet, tu as perdu la tête au dernier moment... Que veux-tu ! on n'est jamais complet !... Et c'est la main gauche du cadavre que tu as trempée dans le sang...

D'un bond, Victor se dressa.

— Quoi s'écria-t-il, c'est là ce qui m'a perdu !...

— Juste !

Du geste du génie méconnu[1], le misérable leva le bras vers le ciel.

— Soyez donc artiste[2] ! s'écria-t-il.

Et nous toisant d'un air de pitié, il ajouta :

— Le père Pigoreau était gaucher !

Ainsi, c'est à une faute de l'enquête qu'était due la découverte si prompte du coupable.

Cette leçon ne devait pas être perdue pour moi. Je me la rappelai, par bonheur, dans des circonstances bien autrement dramatiques, que je dirai plus tard.

Le lendemain, Monistrol fut mis en liberté.

---

1. *Du geste du génie méconnu* : l'expression appartient à Gaboriau et peut soutenir plusieurs interprétations.

2. *Soyez donc artiste* : l'expression joue à la fois sur la condition de Victor (artiste, orfèvre) et sur son intelligence du détail, son sens de la perfection qui l'ont mené ici à sa perte.

Et comme le juge d'instruction lui reprochait ses aveux mensongers qui avaient exposé la justice à une erreur terrible, il n'en put tirer que ceci :

— J'aime ma femme, je voulais me sacrifier pour elle, je la croyais coupable...

L'était-elle, coupable ? Je le jurerais.

On l'arrêta, mais elle fut acquittée par le jugement qui condamna Victor aux travaux forcés à perpétuité.

Monsieur et madame Monistrol tiennent aujourd'hui un débit de vins mal famé sur le cours de Vincennes[1]... L'héritage de leur oncle est loin ; ils sont dans une affreuse misère.

---

1. *le cours de Vincennes* : large boulevard situé dans les XIIᵉ et XXᵉ arrondissements, à l'ouest de Paris, en direction du bois de Vincennes.

Étude
de trois extraits

J.-B. Casimir Godeuil

(lignes 1 à 61)

Un chapitre
des
Mémoires d'un agent de la sûreté

Il y a de cela trois ou quatre mois, un homme d'une quarantaine d'années, correctement vêtu de noir, se présentait aux
bureaux de rédaction du Petit Journal.

Il apportait un manuscrit d'une écriture à faire pâmer d'aise[1]
5 l'illustre Brard, le prince des calligraphes.

– Je repasserai, nous dit-il, dans une quinzaine, savoir ce
que vous pensez de mon travail.

*
* *

Religieusement, le manuscrit fut placé dans le carton des
« ouvrages à lire », personne n'ayant eu la curiosité d'en dé-
10 nouer la ficelle...

Et le temps passa...

Je dois ajouter qu'on dépose beaucoup de manuscrits au
Petit Journal, et que l'emploi de lecteur n'y est pas une sinécure.

*
* *

15 Le monsieur, cependant, ne reparut pas, et on l'avait oublié, quand un matin, celui de nos collaborateurs qui est
chargé des lectures nous arriva tout émoustillé.

---

1. *pâmer d'aise* : être paralysé par le contentement, l'admiration.

– Par ma foi ! s'écria-t-il en entrant, je viens de lire quelque chose de véritablement extraordinaire.

20 – Quoi donc ? lui demandâmes-nous.

– Le manuscrit de ce monsieur, vous savez, tout de noir habillé... Ah ! il n'y a pas à m'en défendre[1], j'ai été **empoigné** !...

Et comme nous le raillions de son enthousiasme, lui qui par état[2] ne s'enthousiasme guère, il jeta le manuscrit sur la 25 table en nous disant :

– Lisez plutôt !...

*
* *

C'en était assez pour nous intriguer sérieusement.

L'un de nous s'empara du manuscrit et à la fin de la semaine il avait fait le tour de la rédaction.

30 Et l'avis unanime fut :

« Il faut absolument que *Le Petit Journal* publie cela. »

*
* *

Mais ici une difficulté se présenta que personne n'avait prévue : le manuscrit ne portait pas de nom d'auteur.

Une carte de visite seulement y était jointe, où on lisait : 35 J.-B. CASIMIR GODEUIL.

D'adresse point.

Que faire ? Publier le travail sans en connaître l'auteur ?... C'était **scabreux**. Pour chaque ligne imprimée, il faut un homme qui en endosse la responsabilité.

40 Il fut donc convenu qu'on rechercherait ce trop modeste auteur et durant quelques jours la direction du *Petit Journal* s'informa et envoya aux renseignements[3] de tous côtés.

---

1. *m'en défendre* : m'en justifier, *en* étant mis pour « d'avoir eu du plaisir ».

2. *état* : métier, profession.

3. *envoya aux renseignements* : alla aux renseignements.

Rien... Personne ne connaissait J.-B. Casimir Godeuil.

*

* *

C'est alors, et en désespoir de cause, que furent apposées
45 les énigmatiques affiches qui, pendant une semaine, ont tant
intrigué Paris – et aussi un peu **la province**.

« Qui peut être, se demandait-on, ce J.-B. Casimir Godeuil
qu'on réclame ainsi ? »

Les uns tenaient pour[1] un enfant prodigue[2] enfui de la mai-
50 son paternelle, d'autres pour un introuvable héritier, le plus
grand nombre pour un caissier envolé...

Mais notre but était rempli.

La colle des affiches n'était pas sèche encore, que M. J.-B.
Casimir Godeuil accourait, et que *Le Petit Journal* traitait avec
55 lui pour la publication du drame intitulé *Le Petit Vieux des
Batignolles* qui commençait la série de ses **Mémoires****.

Ceci dit, nous laissons la parole à J.-B. Casimir Godeuil. Il
avait fait précéder son récit de la courte préface suivante que
nous avons cru devoir conserver parce qu'elle fait connaître
60 ce qu'il était et quel but très louable il poursuivait en écrivant
ses souvenirs.

Thomas Grimm[3]

** Malheureusement J.-B. Casimir Godeuil, qui avait promis d'apporter la suite de son
manuscrit, a complètement disparu, et toutes les démarches tentées pour le retrou-
ver sont restées infructueuses. Nous nous sommes néanmoins décidé à publier son
unique récit qui contient un drame des plus émouvants. (*Note de l'Éditeur.*)

---

1. *tenaient pour* : soutenaient qu'il s'agissait de.

2. *enfant prodigue* : allusion biblique. Personne, enfant que l'on accueille avec joie à son
retour au foyer qu'il avait quitté depuis longtemps.

3. *Thomas Grimm* : pseudonyme d'Amable Escoffier (1837-1891), journaliste de carrière. Au printemps 1869, il remplaça le chroniqueur Timothée Trimm (pseudonyme
de Léo Lespès) qui tenait une chronique très appréciée à la une du *Petit Journal*.
Thomas Grimm était un pseudonyme qui rappelait celui de son prédécesseur et em-
brouilla sans doute les lecteurs les moins attentifs. Il est remarquable que ni l'édition Dentu (1876) ni l'édition Gallimard (2001) n'aient mentionné que cette présentation était le travail de Grimm, laissant croire qu'il s'agissait d'un texte de Gaboriau.

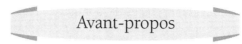

Avant-propos

(lignes 62 à 103)

On venait d'amener un prévenu devant le juge d'instruction, et malgré ses dénégations, ses ruses et un alibi qu'il invoquait, il fut **convaincu** de **faux** et de vol avec effraction.

65 Accablé par l'évidence des charges que j'avais réunies contre lui, il avoua son crime en s'écriant :

– Ah ! si j'avais su de quels moyens disposent la justice et la police, et combien il est impossible de leur échapper, je serais resté honnête homme.

70 C'est en entendant cette réponse que l'idée me vint de recueillir mes souvenirs.

« Il faut qu'on sache !… » me disais-je.

Et en publiant aujourd'hui mes Mémoires, j'ai l'espérance, je dirai plus, j'ai la conviction d'accomplir une œuvre morale

75 d'une haute utilité.

N'est-ce pas être utile, en effet, que de dépouiller le crime de sa sinistre poésie[1], et de le montrer tel qu'il est : lâche, ignoble, abject, repoussant ?…

N'est-ce pas être utile que de prouver qu'il n'est pas au

80 monde d'êtres aussi misérables que les insensés qui ont déclaré la guerre à la société ?

Voilà ce que je prétends faire.

J'établirai irrécusablement[2] qu'on a tout intérêt – et je dis un intérêt immédiat, **positif**, mathématique[3], escomptable

85 même – à être honnête.

---

1. *poésie* : se dit de tout ce qu'il y a d'élevé et de touchant. (*Littré*)

2. *irrécusablement* : de façon irrécusable. L'adverbe n'est plus en usage.

3. *mathématique* : logique.

Je démontrerai clair comme le jour qu'avec notre organisation sociale, grâce au chemin de fer[1] et au télégraphe électrique[2], l'impunité est impossible.

Le châtiment peut se faire attendre... il vient toujours.

90   Et alors, sans doute, il se rencontrera des **malheureux** qui
réfléchiront avant de s'abandonner...

Plus d'un, que le faible murmure de sa conscience n'eût pas
retenu, sera arrêté par la voix salutaire de la peur...

Dois-je expliquer maintenant ce que sont ces souvenirs?

95   J'essaye de décrire les luttes, le succès et les défaites d'une
poignée d'hommes dévoués, chargés d'assurer la sécurité de
Paris.

Combien sont-ils pour tenir en échec tous les malfaiteurs
d'une capitale qui, avec sa banlieue, compte plus de trois mil-
100 lions d'habitants[3]?

Ils sont deux cents[4].

C'est à eux que je dédie ce livre.

Et ceci dit, je commence.

---

1. *chemin de fer* : ses débuts datent de 1828 en France. À partir de 1832, la construction d'un réseau étendu, rayonnant à partir de Paris, sera entreprise. Au 31 décembre
   1869, on compte 16 938 km de chemin de fer à vocation nationale et 1173 km de
   chemin de fer à vocation locale. À la même date, on calcule que le réseau s'accroît
   de 808 km par an en moyenne.

2. *télégraphe électrique* : la formulation tient du pléonasme. Le télégraphe fut créé en
   1837 par Samuel Morse. Une première ligne fut installée en France en 1845 entre
   Paris et Rouen. Le premier câble transatlantique français fut installé entre Brest et
   Saint-Pierre-et-Miquelon en 1869.

3. *trois millions d'habitants* : Paris s'était agrandi en 1860 en intégrant une partie des vil-
   lages voisins. De nouvelles banlieues avaient vu le jour par la suite. La statistique
   officielle établit la population de Paris à deux millions en 1870. Le chiffre de Godeuil
   est donc exagéré.

4. *deux cents* : Godeuil sous-estime grandement les forces de l'ordre puisqu'on compte
   5768 sergents de ville en 1867. À ces sergents s'ajoutent les inspecteurs (ou agents
   de sûreté) et les commissaires. Peut-être ne tient-il compte que des inspecteurs, qui
   ne sont que 96 vers 1860?

PETIT LEXIQUE PRÉPARATOIRE
À LA COMPRÉHENSION DE L'EXTRAIT

Nous vous suggérons de chercher dans le *Petit Robert 1* les mots
en caractères gras dont vous auriez intérêt à vous méfier. Cette
recherche vous aidera à mieux comprendre l'extrait, en saisissant
notamment certaines nuances de la langue française du XIXᵉ siècle,
en apparence proche de la nôtre, mais qui nous réserve parfois
des surprises. Ce faisant, remarquez bien l'étymologie des mots
et notez le moment de leur apparition dans la langue. Voici ce
que votre recherche pourrait révéler.

Empoigner (ligne 22) — *enpuigner* 1174 ; de *en-* et *poing*. 2. (FIG.)
  Émouvoir, intéresser profondément. — Passionner.

Scabreux (ligne 38) — 1501 ; lat. *scaber* « rude, raboteux ».
  1. (LITTÉR.) Qui crée une situation embarrassante et des risques
  d'erreur.

La province (ligne 46) — 1170, lat. *provincia*, de *vincere* « vaincre ».
  6. En France, l'ensemble du pays (notamment les villes, les
  bourgs) à l'exclusion de la capitale.

Mémoires (ligne 56) — 1320 ; de 1. *mémoire* [...] (1552) 5. (PLUR.)
  n. m. pluriel : Relation écrite qu'une personne fait des événements auxquels elle a participé ou dont elle a été
  témoin.

Convaincre (qqn) de (ligne 64) — XIIᵉ ; lat. *convincere* → conviction [...] 2. Donner des preuves de (sa faute, sa culpabilité) ;
  amener (qqn) à reconnaître qu'il est coupable.

Faux (ligne 64) — *fals* 1080 ; puis *faus* ; lat. *falsus*, p. p. adj. de
  fallere « tromper » [...] III. 2. Contrefaçon ou falsification d'un
  écrit.

Positif (ligne 84) — 1265 « certain, réel » ; lat. *positivus* [...] XVIIᵉ.
II. 2. Qui a un caractère d'utilité pratique.

Malheureux (ligne 90) — v. 1050 ; de *malheur* I. [...] 2. n. (XIIᵉ)
UN MALHEUREUX, UNE MALHEUREUSE : personne qui est dans le
malheur. [...] ◊ Spécialt (du sens anc. « méchant, scélérat »)
Personne que l'on méprise et que l'on plaint. Par extension :
insensé, fou.

ANALYSE DE L'EXTRAIT

Puisqu'il s'agit ici d'analyser un premier extrait, vous ne trouverez
que les éléments essentiels des réponses, souvent sans les
preuves, toujours sans les explications. Il vous appartient de for-
muler vos réponses dans des phrases complètes. Afin de vous guider dans cette tâche, la réponse complète à la première question
de chacune des trois étapes vous est donnée dans une forme plus
achevée.

PREMIÈRE APPROCHE : COMPRENDRE LE TEXTE

Les questions qui suivent visent à bien faire saisir le sens général
du texte et plus particulièrement le sens de certains mots, tournures, courts passages ou constructions narratives. Certaines
questions pourraient être reprises plus loin, de manière à vous
permettre d'atteindre une compréhension plus fine, plus nuancée, plus intégrée du texte.

1. Relevez les informations concernant Godeuil dans cet extrait. Établissez ses caractéristiques physiques et son état
   civil. Vous devrez déduire certaines informations.

Aspects	Relevé d'extraits
Caractéristiques physiques	• « un homme d'une quarantaine d'années, correctement vêtu de noir » (lignes 1 et 2).

Aspects	Relevé d'extraits
État civil	• « agent de la sûreté » : il amène au juge d'instruction un prévenu « [a]ccablé par l'évidence des charges que j'avais réunies contre lui» (sous-titre et lignes 65 et 66).
	• Retraité ? Pourtant, il n'a qu'une quarantaine d'années (lignes 1 et 2). En tout cas, il ne travaille plus pour la police puisqu'on ne l'y trouvera pas : « toutes les démarches tentées pour le retrouver sont restées infructueuses » (note de l'éditeur).
	• J.-B. Casimir Godeuil : J.-B. pour Jean-Baptiste ?
	• Célibataire ? Aucun ami, aucune famille à Paris ? « Rien... Personne ne connaissait J.-B. Casimir Godeuil. » (ligne 43)
	• Adresse inconnue (ligne 36 et la note de l'éditeur).
	• Est-il mort après la publication du premier chapitre ? Utilisait-il un pseudonyme ? Il « a complètement disparu, et toutes les démarches tentées pour le retrouver sont restées infruc-tueuses » (note de l'éditeur).

2. À la suite de la question précédente, établissez les caractéristiques psychologiques et morales de Godeuil. Vous devrez déduire certaines informations.

Caractéristiques psychologiques et morales	• Minutieux, appliqué, ayant peut-être reçu une bonne éducation : ...
	• Mystérieux et peut-être capricieux, il disparaît à deux reprises : ...
	• Il possède un talent d'écrivain : ...
	• Il est trop : ...
	• Il travaille au bien public : ...
	• Positiviste et réaliste : ...
	• Optimiste, naïf même : ...

3. Dans la préface, « J.-B. Casimir Godeuil » (lignes 1 à 61), relevez les huit passages où le narrateur se révèle homo-diégétique*, c'est-à-dire ayant participé à l'action du récit dont il raconte l'histoire.

- ligne 6 : « – Je repasserai, **nous** dit-il »
- lignes 12 et 13 : « **Je** dois ajouter qu'on dépose beaucoup de manuscrits au *Petit Journal* »
- lignes 15 et 16 : « **on** l'avait oublié »
- ...

4. Le « nous » utilisé dans la note de l'éditeur (page 104) ap-partient à un autre narrateur. Trouvez l'élément syn-taxique qui permet de l'affirmer.

Le « nous » utilisé dans la préface comprend le « je » qui écrit et le groupe des collaborateurs du *Petit Journal*. Par contre, le « nous » utilisé dans la note est un « nous » de majesté. Syn-taxiquement, ce « nous » ne révèle pas un groupe.

5. L'éditeur qui signe la note de la préface de Thomas Grimm (page 104), est-ce : a) Modulo–Griffon ?, b) *Le Petit Journal* ? ou c) l'éditeur original, Dentu ? Soupesez chaque hypothèse pour n'en retenir qu'une.

a) Ce n'est pas Modulo–Griffon.
b) Ce n'est pas *Le Petit Journal*.
c) C'est l'éditeur original, Dentu.

6. Thomas Grimm a inséré des astérisques pour découper sa préface allographe*. Retrouvez les déictiques* temporels et spatiaux de chaque division et résumez chacune de ces dernières par un titre.

Divisions	Déictiques temporels	Déictiques spatiaux	Titre
1	« trois ou quatre mois » (ligne 1)	La rédaction du *Petit Journal*	La remise du manuscrit

Divisions	Déictiques temporels	Déictiques spatiaux	Titre
2	« Et le temps passa… » (ligne 11)	…	…
3	…	…	…
4	…	…	…
5	…	…	…
6	…	…	…

7. L'avant-propos de Godeuil constitue un autre élément du paratexte*. Quel pronom personnel y favorise Godeuil ? Donnez quelques exemples.

   Godeuil favorise le « je ».

DEUXIÈME APPROCHE : ANALYSER LE TEXTE

Ici, les questions approfondissent celles de l'étape précédente et surtout abordent les aspects formels du texte. Elles permettent d'en révéler et d'en évaluer les sous-entendus, en montrant, par exemple, le rôle de la ponctuation ou du temps des verbes, en faisant voir la portée d'une figure de style, la force d'une argumentation, l'effet de la tonalité* dominante du texte, etc. C'est aussi l'occasion de faire des liens entre fond et forme, de faire saisir en somme ce qui fait le propre du texte littéraire.

8. Trouvez quelques raisons qui rendent difficile et même « scabreuse » (ligne 38), selon Grimm, la publication anonyme des mémoires.

   a) Selon Grimm : « Pour chaque ligne imprimée, il faut un homme qui en endosse la responsabilité. » (lignes 38 et 39)
   b) La publication se fait dans un journal censé informer et dire l'exacte vérité. Une publication anonyme accroît les « risques d'erreur », le côté *scabreux*.

c) Il s'agit de mémoires racontant des événements vécus par leur auteur. L'anonymat les aurait rendus suspects d'avoir été inventés, ce qui aurait été embarrassant (*scabreux*).

d) Par ailleurs, on ne pouvait les publier sans son consentement, ni non plus sans s'assurer de sa collaboration pour la rédaction des futurs épisodes. Autrement, on aurait eu des embarras certains.

9. Quelles sont les intentions de Godeuil ? Expliquez-les tout en citant les passages sur lesquels vous vous appuyez.

L'intention de Godeuil est facile à cerner : il s'en explique clairement dans son avant-propos. Si on résume sa pensée :

a) Il veut témoigner de certaines aventures qui lui sont arrivées.

b) Ses mémoires cherchent à peindre le crime.

c) Il cherche aussi à renseigner sur les méthodes de la police.

d) Il cherche à détourner du crime certains individus.

e) Enfin, il rend un hommage.

10. L'avant-propos de Godeuil n'est pas divisé par des astérisques. Par contre, le temps des verbes impose des divisions logiques. En étant attentif aux temps des verbes (et aux déictiques* temporels), établissez quatre divisions de cet avant-propos.

Division 1	Ligne 62	Imparfait : ...
Division 2	Ligne 73	Présent : ...
Division 3	Ligne 83	Futur : ...
Division 4	Ligne 94	Présent : ...

11. Chacune des quatre divisions temporelles de l'avant-propos de Godeuil (établies à la question précédente) est utile à l'organisation de son discours et à l'expression de ses intentions (relevées à la question 9). Expliquez ce que l'on perdrait si on éliminait une division.

- Si on élimine la division 1 (lignes 62 à 72), on perd l'origine du projet de Godeuil.
- Si on élimine la division 2 (lignes 73 à 82), on perd de vue le côté moral de l'entreprise de Godeuil.
- Si on élimine la division 3 (lignes 83 à 93), on perd l'intention principale de l'auteur, son *projet*.
- Enfin, si on élimine la division 4 (lignes 94 à 103), on perd l'aspect informatif qui répond du réalisme de ces mémoires.

12. L'avant-propos de Godeuil (lignes 62 à 103) est soutenu par quelques figures de style : métaphore*, énumération*, répétition, gradation*, anaphore*, comparaison*, antithèse*. Arrêtez-vous aux trois passages suivants pour trouver les figures de style utilisées et montrez comment elles appuient le propos. Qu'est-ce que ces trois passages ont en commun ?

Passage 1

lignes 76 à 78 : « N'est-ce pas être utile, en effet, que de dépouiller le crime de sa sinistre poésie, et de le montrer tel qu'il est : lâche, ignoble, abject, repoussant ?... »

Figure de style	Comment la figure de style appuie-t-elle le propos ?
anaphore, énumération	Il s'agit ici d'une interrogation du personnage qui se répète aux lignes 79 à 81. Cette répétition constitue une anaphore puisque les premiers mots des deux questions sont identiques. L'utilité est ici fortement soulignée. Plus significativement, dans ce passage on voit une énumération. Cette énumération a un curieux effet puisqu'elle pique la curiosité.

Passage 2

lignes 83 à 85 : « J'établirai irrécusablement qu'on a tout intérêt – et je dis un intérêt immédiat, positif, mathématique, escomptable même – à être honnête. »

Figure de style	Comment la figure de style appuie-t-elle le propos ?
…	…

Passage 3

lignes 92 et 93 : « Plus d'un, que le faible murmure de sa conscience n'eût pas retenu, sera arrêté par la voix salutaire de la peur... »

Figure de style	Comment la figure de style appuie-t-elle le propos ?
...	...

Qu'ont en commun ces trois passages ?

...

13. Comment peut-on qualifier l'intérêt du *Petit Journal* à publier les mémoires de Godeuil ? Donnez des passages pour appuyer votre réponse.

    Le Petit Journal est très motivé à publier les mémoires de Godeuil.

14. On a vu que Grimm utilise surtout le « nous » dans sa préface (question 3), tandis que Godeuil privilégie le « je » dans son avant-propos (question 7). L'inverse serait sans doute impossible. Pourquoi chaque auteur a-t-il fait ce choix ?

    • Godeuil dit « je » parce qu'il traite de ce qu'il a connu personnellement. Il connaît le milieu policier et veut transmettre ce savoir.

    • Grimm privilégie le « nous » qui représente un premier lectorat, une équipe de rédaction.

15. Les mémoires se distinguent par différentes caractéristiques génériques (voir l'introduction, p. 12), parmi lesquelles le « je » se présente comme un témoin privilégié de son époque et de son milieu. Comment ces faux mémoires correspondent-ils au genre ?

    a) On fait clairement référence au genre à plusieurs reprises : dans le sous-titre, dans la préface de Grimm, dans l'avant-propos de Godeuil, etc.

    b) Ils sont écrits au « je ».

c) Il ne s'agit pas d'une autobiographie.

d) Godeuil a ressenti comme une mission le besoin de rédiger ses mémoires.

e) Ses souvenirs témoignent de façon exemplaire d'un progrès social.

f) Ils sont ceux d'un individu pris dans une action, un état.

TROISIÈME APPROCHE : COMMENTER LE TEXTE

Les questions qui suivent visent à amener le lecteur à établir des relations entre différents éléments du texte et, par déduction, à proposer des interprétations. Dans un premier temps, elles présentent des réflexions sur l'ensemble de l'extrait, autour d'une problématique esquissée aux approches précédentes. Dans un deuxième temps, elles visent à établir des liens entre le texte analysé et des passages d'autres œuvres (**Comparaison avec des passages d'autres œuvres**). Cette capacité à tisser des liens émane d'une compréhension profonde du texte, servie par une sensibilité aiguë, et développe une quête permanente de cohérence de même qu'une recherche d'intégration culturelle.

16. Godeuil affirme : « Plus d'un, que le faible murmure de sa conscience n'eût pas retenu, sera arrêté par la voix salutaire de la peur... » (lignes 92 et 93) Est-il trop optimiste en misant sur la peur pour empêcher les crimes ? Expliquez.

    Personne ne pourrait nier que la peur du châtiment est sans doute un puissant moteur de cohésion sociale. Par contre, Godeuil est beaucoup trop optimiste. Pour être efficace, la peur d'être pris doit être plus grande que les besoins qui poussent les individus à commettre des crimes. On pourrait dire que Godeuil ne tient pas compte des criminels poussés par la passion (la jalousie, la vengeance) ou la nécessité (la faim).

17. À partir des intentions de Godeuil dégagées à la question 9, formulez le thème dominant de l'extrait et expliquez-le.

    Le thème qui semble s'imposer est celui de l'utilité morale au service d'un progrès social. En effet, les intentions de Godeuil, auxquelles souscrit *Le Petit Journal* en les publiant, ont un but explicitement moral :

- ...
- ...
- ...

Cette morale, même en se présentant comme un intérêt individuel, est au service du bien public. Ses mémoires se situent dans le prolongement de son action à titre d'agent : il est au service d'un progrès social. En effet :

- une action individuelle, celle d'être honnête, a une portée collective ;
- ses mémoires contribuent à apaiser les tensions sociales.

En somme, l'entreprise de Godeuil consiste à éviter de nouveaux crimes.

COMPARAISON AVEC DES PASSAGES D'AUTRES ŒUVRES

Le Dossier n° 113

Roman publié par Émile Gaboriau en 1867

S'il est un homme du monde que nul événement ne doive émouvoir ni surprendre, toujours en garde contre les mensonges des apparences, capable de tout admettre et de tout s'expliquer, c'est à coup sûr un com-
5   missaire de police de Paris.

Pendant que le juge, du haut de son tribunal, ajuste aux actes qui lui sont soumis les articles du Code, le commissaire de police observe et surveille tous les faits odieux que la loi ne saurait atteindre. Il est le confident
10   obligé des infamies de détail, des crimes domestiques, des ignominies tolérées.

Peut-être avait-il encore, lorsqu'il est entré en charge, quelques illusions ; après un an, il n'en conserve plus.

15 S'il ne méprise pas absolument l'espèce humaine, c'est que souvent, à côté d'abominations sûres de l'impunité, il a découvert des générosités sublimes qui resteront sans récompense. C'est que, s'il voit d'impudents coquins voler la considération publique, il se console en songeant aux héros modestes et obscurs qu'il 20 connaît.

Tant de fois ses prévisions ont été trompées qu'il en est arrivé au scepticisme le plus complet. Il ne croit à rien, pas plus au mal qu'au bien absolu, pas plus à la vertu qu'au vice.

25 Forcément, il en arrive à cette conclusion navrante qu'il n'y a pas des hommes, mais bien des événements.[1]

18. Dans cette œuvre antérieure, *Le Dossier n° 113*, Gaboriau fait le portrait du commissaire, dont le scepticisme est un trait déterminant. Relevez les passages caractérisant ce scepticisme.

   a) «nul événement ne doive émouvoir ni surprendre, toujours en garde contre les mensonges des apparences» (lignes 1 à 3)

   b) ...

   c) ...

   d) ...

   e) ...

19. Comparez le scepticisme et la désillusion du commissaire à l'état d'esprit manifesté par Godeuil.

   Le scepticisme du commissaire est le résultat de son expérience et non un trait de son caractère. Il est devenu sceptique à force de perdre ses illusions, à force d'être «en garde

---

1. Émile Gaboriau, *Le Dossier n° 113*, Paris, Librairie des Champs-Élysées/Hachette, coll. «Labyrinthes», 2003, p. 19-20.

contre les mensonges » (lignes 2 et 3), de les voir à l'œuvre partout. Sa conception de la société : ...

Et cela déborde le cadre de sa société pour englober l'humanité, son regard devient anthropologique et même philosophique : ...

Voilà qui est très différent du discours que tenait Godeuil ! : ...

———————

Paul-Louis-Alphonse Canler (1797-1865) *fut membre de la police parisienne dès 1820. La Brigade de Sûreté de Paris, alors dirigée par Vidocq, puis par Coco-Lacour, embauchait de nombreux repris de justice à titre d'informateurs et même d'agents. Devenu lui-même chef du service de Sûreté de Paris, Canler chercha à redorer le blason de la police en faisant des indicateurs de simples collaborateurs, et non des représentants officiels. Ses enquêtes ne révèlent pas un flair extraordinaire, mais beaucoup de courage et une grande connaissance du milieu criminel. Ses* Mémoires *parurent en 1862 et furent saisis moins de deux mois plus tard, l'éditeur, l'imprimeur et l'auteur étant accusés de révéler des secrets professionnels.*

———————

Mémoires

(1862)

POURQUOI JE PUBLIE MES MÉMOIRES

Trois choses peuvent pousser un homme à écrire ses mémoires :

1° Le besoin de célébrité, de renommée, d'immortalité, en quelque sorte, c'est-à-dire l'orgueil ;

5 2° Le désir d'exploiter la curiosité par des récits romanesques ou bizarres ;

3° L'envie de vulgariser les faits et les idées dont la connaissance lui a été acquise par une longue expérience pratique ; l'espoir de sauver du déshonneur
10 quelques individus faibles de caractère, en leur montrant le vice tel qu'il est, c'est-à-dire laid, bas, ignoble, repoussant ; la persuasion, enfin, de remplir un de-

voir envers la société, en exposant des événements
où il s'est trouvé acteur ou témoin, afin d'en tirer des
15 enseignements utiles et propres à inspirer aux
jeunes intelligences une noble répugnance à l'égard
de tout ce qui est vil, méprisable et honteux.

C'est, j'ose le dire, cette pensée qui m'a encouragé
et soutenu.

20 Avec le secours de mes notes et surtout d'une mémoire assez heureusement organisée, puisqu'elle me
permet de me rappeler non seulement les faits, mais encore les noms et les dates d'une manière irréfutable, je
me suis mis à l'œuvre dans cette seule intention d'être
25 utile, de prémunir les honnêtes gens contre les ruses
des malfaiteurs, et de prouver à ceux-ci que leurs ma-
chinations sont dévoilées tôt ou tard.

J'espère aussi que les exemples que je cite détour-
neront de la mauvaise voie certaines intelligences
30 faibles ou portées à mal faire.[1]

20. Gaboriau s'inspira très clairement de l'avant-propos des
Mémoires de Paul-Louis-Alphonse Canler, parus en 1862,
pour la rédaction de l'avant-propos du *Petit Vieux des
Batignolles*. Établissez les trois principales motivations de
Canler et montrez combien Godeuil en est proche.

L'exposé de Canler traite de toutes les motivations qui peuvent pousser quelqu'un à rédiger des mémoires. Les siennes
se trouvent au point 3. Ce sont :
  a) « L'envie de vulgariser les faits et les idées dont la connais-
     sance lui a été acquise par une longue expérience pratique »
     (lignes 7 à 9) ;
  b) « l'espoir de sauver du déshonneur quelques individus
     faibles de caractère, en leur montrant le vice tel qu'il est »
     (lignes 9 à 11) ;

---

1. Paul-Louis-Alphonse Canler, *Mémoires*, Paris, Mercure de France, coll. « Le Temps
   retrouvé », 1986, p. 17-18.

c) « prémunir les honnêtes gens contre les ruses des malfaiteurs » (lignes 25 et 26).

Godeuil en est proche jusqu'à un certain point : ...

---

*Eugène-François Vidocq (1775-1857) publia ses Mémoires en 1828,
après avoir démissionné du poste de chef de la police de Sûreté de Paris. Il
avait mené une vie tumultueuse, tuant et blessant en duel de nombreux
adversaires. Emprisonné pour avoir corrigé un officier qui lui disputait sa
maîtresse, il aurait émis un faux ordre de libération d'un codétenu : il fut
condamné à huit ans de travaux forcés. Il s'évada une douzaine de fois,
tentant chaque fois de mener une vie rangée. En 1809, encore une fois
repris et fatigué de s'évader, il proposa ses services à la police. Il fut
rapidement un mouchard indispensable, puis mit sur pied une police
moderne : filatures, déguisements, collectes d'indices matériels. Il connut
Hugo et Balzac, qu'il influença. Chez Gaboriau, le détective Lecoq
(l'euphonie est révélatrice) en est un peu la réminiscence. Méchinet aussi,
évidemment, par son côté inquiétant au début, ses mœurs insolites qui
rappellent celles des bandits qu'il poursuit.*

Mémoires

(1828)

C'est à partir de la formation de la brigade de Sûreté
qu'aura commencé véritablement l'intérêt de ces
Mémoires. Peut-être trouvera-t-on que j'ai trop longtemps entretenu le public de ce qui ne m'était que per-
5 sonnel, mais il fallait bien que l'on sût par quelles
vicissitudes j'ai dû passer pour devenir cet Hercule à
qui il était réservé de purger la terre d'épouvantables
monstres et de balayer l'étable d'Augias[1]. Je ne suis pas

---

1. Hercule, dieu réputé pour sa force, dut accomplir douze travaux. Parmi ceux-ci, il
lui fallut nettoyer les écuries d'Augias, si sales qu'elles étaient censées être impos-
sibles à laver. Hercule y parvint en détournant le cours de deux fleuves. Comme
Hercule, Vidocq était doué d'une force extraordinaire et nettoya Paris, qu'on croyait
impossible à rendre sûre. La force herculéenne de Vidocq inspira Victor Hugo pour
son personnage de forçat évadé, Jean Valjean, dans *Les Misérables*, lui faisant sou-
lever une charrette sous laquelle gisait un homme.

arrivé en un jour ; j'ai fourni une longue carrière d'ob-
10   servations et de pénibles expériences. Bientôt, et j'ai déjà
donné des échantillons de mon savoir-faire, je raconterai mes travaux, les efforts que j'ai dû entreprendre,
les périls que j'ai affrontés, les ruses, les stratagèmes auxquels j'ai eu recours pour remplir ma mission dans toute
15   son étendue, et faire de Paris la résidence la plus sûre
du monde. Je dévoilerai les expédients des voleurs, les
signes auxquels on peut les reconnaître. Je décrirai leurs
mœurs, leurs habitudes ; je révélerai leur langage et leur
costume, suivant la spécialité de chacun ; car les voleurs,
20   selon le fait dont ils sont coutumiers, ont aussi un costume qui leur est propre. Je proposerai des mesures in-
faillibles pour anéantir l'escroquerie et paralyser la
funeste habileté de tous ces « faiseurs d'affaires »,
chevaliers d'industrie, faux courtiers, faux négociants,
25   etc., qui, malgré Sainte-Pélagie[1], et justement en raison
du maintien inutile et barbare de la « contrainte par
corps[2] », enlèvent chaque jour des millions au commerce. Je dirai les manèges et la tactique de tous ces fri-
pons pour faire des dupes. Je ferai plus, je désignerai
30   les principaux d'entre eux, en leur imprimant sur le
front un sceau qui les fera reconnaître. Je classerai les
différentes espèces de malfaiteurs, depuis l'assassin jusqu'au filou, et les formerai en catégories plus utiles que
les catégories de La Bourdonnaie, à l'usage des pros-
35   cripteurs de 1815[3], puisque du moins elles auront
l'avantage de faire distinguer à la première vue les êtres

---

1. *Sainte-Pélagie* : l'une des trois maisons d'arrêt (avec la Force et les Madelonnettes) à
   cette époque où étaient écroués les débiteurs insolvables qu'un juge d'instruction
   questionnerait.

2. *contrainte par corps* : il s'agit sans doute de l'arrestation en vertu du mandat de dépôt
   du juge d'instruction.

3. *proscripteurs de 1815* : Vidocq fait probablement référence ici aux proscripteurs de
   la Restauration qui s'employèrent à pourchasser et à bannir les anciens privilégiés
   de l'Empire.

et les lieux auxquels la méfiance doit s'attacher. Je mettrai sous les yeux de l'honnête homme tous les pièges
qu'on peut lui tendre, et je signalerai au criminaliste les
40 divers[es] échappatoires au moyen desquel[le]s les coupables ne réussissent que trop souvent à mettre en défaut la sagacité des juges.

Je mettrai au grand jour les vices de notre instruction criminelle et ceux plus grands encore de notre sys-
45 tème de pénalité, si absurde dans plusieurs de ses parties. Je demanderai des changements, des révisions, et
l'on accordera ce que j'aurai demandé, parce que la raison, de quelque part qu'elle vienne, finit toujours par
être entendue. Je présenterai d'importantes améliora-
50 tions dans le régime des prisons et des bagnes ; et,
comme je suis plus touché qu'aucun autre des souf-
frances de mes anciens compagnons de misère,
condamnés ou libérés, je mettrai le doigt sur la plaie,
et serai peut-être assez heureux pour offrir au législa-
55 teur philanthrope les seules données d'après lesquelles il est possible d'apporter à leur sort un adou-
cissement qui ne soit point illusoire. Dans des tableaux
aussi variés que neufs, je présenterai les traits originaux
de plusieurs classes de la société, qui se dérobent en-
60 core à la civilisation, ou plutôt qui sont sorties de son
sein pour vivre à côté d'elle, avec tout ce qu'elle a [elles
ont] de hideux. Je reproduirai avec fidélité la physionomie de ces castes de parias, et je ferai en sorte que
la nécessité de quelques institutions propres à épurer,
65 ainsi qu'à régulariser les mœurs d'une portion du
peuple, résulte de ce qu'ayant été plus à portée de les
étudier que personne, j'ai pu en donner une connaissance plus parfaite.[1]

---

1. Eugène-François Vidocq, *Mémoires*, Éditions Robert Laffont, coll. « Bouquins », 1998, p. 337-338.

21. Eugène-François Vidocq, dans cet extrait de ses *Mémoires*, après avoir narré son adolescence délinquante, son enrôlement, ses duels, ses démêlés avec la justice, en arrive aux intentions qui l'animent. Comparez le projet des mémoires véritables de Vidocq et des pseudo-mémoires de Godeuil. En quoi se ressemblent-ils et en quoi sont-ils profondément différents ?

Les intentions de Godeuil et de Vidocq se ressemblent en ceci que tous deux racontent ce qui leur est survenu pendant qu'ils travaillaient pour la police et traquaient les criminels. Godeuil : « J'essaye de décrire les luttes, le succès et les défaites d'une poignée d'hommes dévoués » (lignes 95 et 96). Et Vidocq va dans le même sens : « je raconterai mes travaux, les efforts que j'ai dû entreprendre, les périls que j'ai affrontés, les ruses, les stratagèmes auxquels j'ai eu recours pour remplir ma mission » (lignes 11 à 14). Tous deux se proposent de nous montrer les milieux criminels en action. Godeuil a l'intention « de dépouiller le crime de sa sinistre poésie, et de le montrer tel qu'il est » (lignes 76 et 77). Et Vidocq veut dévoiler « les expédients des voleurs, les signes auxquels on peut les reconnaître [...] leurs mœurs, leurs habitudes » (lignes 16 à 18). Tous deux, enfin, cherchent à améliorer leur société.

Mais là semble s'arrêter la ressemblance.
- En effet, le souci du détail chez Vidocq est plus élevé : ...
- ...
- ...

La découverte du cadavre

Chapitre 3

(lignes 380 à 524)

380 Désormais, j'étais fixé.

J'avais voulu savoir au juste ce que faisait mon énigmatique voisin..., je le savais.

Maintenant s'expliquaient le décousu de sa vie, ses absences, ses rentrées tardives, ses soudaines disparitions, les craintes
385 et la complicité de sa jeune femme, la blessure que j'avais soignée.

Mais que m'importait ma découverte !

Je m'étais remis peu à peu, la faculté de réfléchir et de délibérer m'était revenue, et j'examinais tout, autour de moi, avec
390 une **âpre** curiosité.

D'où j'étais, accoté contre le chambranle de la porte, mon regard embrassait l'appartement entier.

Rien, absolument rien, n'y trahissait une scène de meurtre.

Tout, au contraire, décelait l'aisance et en même temps des
395 habitudes parcimonieuses et méthodiques.

Chaque chose était en place ; il n'y avait pas un faux pli aux rideaux, et le bois des meubles étincelait, accusant des soins quotidiens.

Il paraissait évident, d'ailleurs, que les conjectures du juge
400 d'instruction et du commissaire de police étaient exactes, et que le pauvre vieillard avait été assassiné la veille au soir, au moment où il se disposait à se coucher.

En effet, le lit était ouvert, et sur la couverture étaient étalés une chemise et un foulard de nuit[1]. Sur la table, à la tête

---

1. *une chemise et un foulard de nuit* : on comprend que la chemise de nuit dont il est question ici descendait jusqu'aux genoux et que le foulard était une nécessité dans les appartements parisiens mal chauffés.

405 du lit, j'apercevais un verre d'eau sucrée, une boîte d'allumettes chimiques et un journal du soir, *La Patrie*[1].

Sur un coin de la cheminée brillait un chandelier, un bon gros et solide chandelier de cuivre... Mais la bougie qui avait éclairé le crime était consumée, le meurtrier s'était enfui sans
410 la souffler, et elle avait brûlé jusqu'au bout, noircissant l'albâtre d'un brûle-tout[2] où elle était fixée.

Ces détails, je les avais constatés d'un coup, sans effort, sans pour ainsi dire que ma volonté y fût pour rien.

Mon œil remplissait le rôle d'un objectif photographique,
415 le théâtre du meurtre s'était fixé dans mon esprit comme sur une plaque préparée[3], avec une telle précision que nulle **circonstance** n'y manquait, avec une telle solidité qu'aujourd'hui encore je pourrais dessiner l'appartement du « **petit** vieux des Batignolles » sans rien oublier, sans oublier même un bouchon
420 à demi recouvert de cire verte qu'il me semble voir encore par terre, sous la chaise du greffier.

C'était une faculté extraordinaire, qui m'a été départie, ma faculté maîtresse, que je n'avais pas encore eu l'occasion d'exercer, qui tout à coup se révélait en moi.

425 Alors, j'étais bien trop vivement ému pour analyser mes impressions.

Je n'avais qu'un désir, obstiné, brûlant, irrésistible : m'approcher du cadavre étendu à deux mètres de moi.

Je luttai d'abord, je me défendis contre l'obsession de cette
430 envie. Mais la **fatalité** s'en mêlait... je m'approchai.

Avait-on remarqué ma présence ?... je ne le crois pas.

Personne, en tout cas, ne faisait attention à moi.

---

1. La Patrie : journal fondé en 1852, centré sur la politique gouvernementale de l'Empire. Les aventures de Rocambole, écrites par Ponson du Terrail, y furent presque toutes publiées à partir de 1857. Il aurait été anachronique de mettre en scène *Le Petit Journal* où sont publiés les *Mémoires* de Godeuil puisqu'il fut fondé en 1863.

2. *brûle-tout* : « Sorte de cylindre surmonté d'une pointe sur laquelle on fiche le bout de bougie à brûler. » (*Littré*)

3. *plaque préparée* : il s'agit de la plaque d'émulsion d'argent qui servait en photographie avant l'invention de la pellicule ou de la carte numérique.

Monsieur Méchinet et le commissaire de police causaient toujours près de la fenêtre ; le greffier, à demi-voix, relisait au
435 juge d'instruction son procès-verbal.

Ainsi, rien ne s'opposait à l'accomplissement de mon dessein.

Et d'ailleurs, je dois le confesser, une sorte de fièvre me tenait qui me rendait comme insensible aux circonstances
440 extérieures et m'isolait absolument.

Cela est si vrai, que j'osai m'agenouiller près du cadavre, pour mieux voir et de plus près.

Loin de songer qu'on allait me crier : « Que faites-vous là ? ... » j'agissais lentement et posément, en homme qui, ayant
445 reçu mission, l'exécute.

Ce malheureux vieillard me parut avoir de soixante-dix à soixante-quinze ans. Il était petit et très maigre, mais solide certainement et bâti pour passer la centaine. Il avait beaucoup de cheveux encore, d'un blanc jaunâtre, bouclés sur la nuque.
450 Sa barbe grise, forte et drue, paraissait n'avoir pas été faite depuis cinq ou six jours ; elle devait avoir poussé depuis qu'il était mort. Cette circonstance que j'avais souvent remarquée chez nos sujets de l'amphithéâtre[1] ne m'étonna pas.

Ce qui me surprit, ce fut la physionomie de l'infortuné. Elle
455 était calme, je dirai plus, souriante. Les lèvres s'entrouvraient comme pour un salut amical.

La mort avait donc été terriblement prompte, qu'il conservait cette expression bienveillante[2] !...

C'était la première idée qui se présentait à l'esprit.

460 Oui, mais comment concilier ces deux circonstances inconciliables : une mort soudaine, et ces cinq lettres : *Monis...* que je voyais en traits de sang sur le parquet ?

---

1. *nos sujets de l'amphithéâtre* : les sujets d'étude, c'est-à-dire les cadavres disséqués pour le bénéfice des étudiants en médecine (voir la note 1, p. 35).

2. La syntaxe moderne commanderait un « si » entre « été » et « terriblement ».

Pour écrire cela, quels efforts n'avait-il pas fallu à un homme mourant!... L'espoir seul de la vengeance avait pu lui prêter
465 une telle énergie... Et quelle rage n'avait pas dû être la sienne[1], de se sentir expirer avant d'avoir pu tracer en entier le nom de son assassin...

Et cependant le visage du cadavre semblait me sourire.

Le pauvre vieux avait été frappé à la gorge et l'arme avait
470 traversé le cou de part en part.

L'instrument du crime devait être un poignard, ou plutôt un de ces redoutables couteaux catalans[2], larges comme la main, qui coupent des deux côtés et qui sont aussi pointus qu'une aiguille...

475 De ma vie, je n'avais été remué par d'aussi étranges sensations.

Mes tempes battaient avec une violence inouïe, et mon cœur, dans ma poitrine, se gonflait à la briser.

Qu'allais-je donc découvrir?...

480 Poussé par une force mystérieuse et irrésistible, qui annihilait ma volonté, je pris entre mes mains, pour les examiner, les mains roides et glacées du cadavre...

La droite était nette... c'était un des doigts de la gauche, l'indicateur[3], qui était tout maculé de sang.

485 Quoi! c'était avec la main gauche que le vieillard avait écrit!... Allons donc!...

Saisi d'une sorte de vertige, les yeux hagards, les cheveux hérissés sur la tête, et plus pale assurément que le mort qui gisait à mes pieds, je me dressai en poussant un cri terrible
490 — Grand Dieu!...

Tous les autres, à ce cri, bondirent, et surpris, effarés:
— Qu'est-ce? me demandèrent-ils ensemble, qu'y a-t-il?...

---

1. Le « n'... pas » a ici valeur d'exagération et non de négation.
2. *couteaux catalans*: le véritable couteau catalan n'est pas tranchant des deux côtés ni plus pointu qu'un autre, mais l'expression est commune pour désigner des poignards de truands.
3. *l'indicateur*: l'index.

J'essayai de répondre, mais l'émotion m'étranglait, il me semblait que j'avais la bouche pleine de sable. Je ne pus que
495   montrer les mains du mort en bégayant :

— Là !... là !...

Prompt comme l'éclair, monsieur Méchinet s'était jeté à genoux près du cadavre. Ce que j'avais vu, il le vit, et mon impression fut la sienne, car se relevant vivement :

500   — Ce n'est pas ce pauvre vieux, déclara-t-il, qui a tracé les lettres qui sont là...

Et comme le juge et le commissaire le regardaient bouche béante, il leur expliqua cette circonstance de la main gauche seule tachée de sang...

505   — Et dire que je n'y avais pas fait attention ! répétait le commissaire désolé...

Monsieur Méchinet prisait avec **fureur**.

— C'est comme cela, fit-il... les choses qui crèvent les yeux sont celles qu'on ne voit point... Mais n'importe ! voilà la si-
510   tuation diablement changée... Du moment où ce n'est pas le vieux qui a écrit, c'est celui qui l'a tué...

— Évidemment ! approuva le commissaire.

— Or, continua mon voisin, peut-on imaginer un assassin assez stupide pour se dénoncer en écrivant son nom à côté
515   du corps de sa victime ? Non, n'est-ce pas[1]. Maintenant, concluez...

Le juge était devenu soucieux.

— C'est clair, fit-il, les apparences nous ont abusés... Monistrol n'est pas le coupable... Quel est-il ?... C'est affaire
520   à vous[2], monsieur Méchinet, de le découvrir.

---

1. L'absence du point d'interrogation est ici une liberté de l'auteur pour bien montrer au lecteur qu'il ne s'agit pas d'une véritable question.

2. *C'est affaire à vous de* : expression archaïque pour « c'est votre affaire de », « il vous appartient de », « c'est votre responsabilité de ». Voir son utilisation par Diderot dans *Les Bijoux indiscrets* (1748) : « Ah ! prince, s'écria Mirzoza, c'est affaire à vous de rêver. »

Il s'arrêta... un agent de police entrait, qui, s'adressant au commissaire, dit :

– Vos ordres sont exécutés, monsieur... Monistrol est arrêté et écroué au dépôt[1]... Il a tout avoué.

PETIT LEXIQUE PRÉPARATOIRE À LA COMPRÉHENSION DE L'EXTRAIT

Nous vous suggérons de chercher dans le *Petit Robert 1* les mots en caractères gras dont vous auriez intérêt à vous méfier. Cette recherche vous aidera à mieux comprendre l'extrait, en saisissant notamment certaines nuances de la langue française du XIXᵉ siècle, en apparence proche de la nôtre, mais qui nous réserve parfois des surprises. Ce faisant, remarquez bien l'étymologie des mots et notez le moment de leur apparition dans la langue.

ANALYSE DE L'EXTRAIT

Puisqu'il s'agit ici d'analyser un deuxième extrait, vous ne trouverez que des amorces de réponse aux questions posées. Vous devrez les développer, les nuancer et les justifier, en vous appuyant systématiquement sur le texte ; des points de suspension vous y invitent plus fortement.

PREMIÈRE APPROCHE : COMPRENDRE LE TEXTE

Les questions qui suivent visent à bien faire saisir le sens général du texte et plus particulièrement le sens de certains mots, tournures, courts passages ou constructions narratives. Certaines questions pourraient être reprises plus loin, de manière à vous permettre d'atteindre une compréhension plus fine, plus nuancée, plus intégrée du texte.

1. Donnez un titre différent à ce chapitre et justifiez votre choix.

   Les titres possibles sont nombreux, selon qu'ils sont révélateurs du personnage principal, d'un événement, d'un lieu, d'un objet déterminant ou thématique : ...

---

1. *écroué au dépôt* : incarcéré (*écroué*) dans une prison pour prisonniers de passage (*dépôt*).

2. On peut diviser le déroulement de ce chapitre en deux parties : de la ligne 380 à la ligne 486 ; de la ligne 487 à la fin. Indiquez les raisons qui militent en faveur de cette division.

   • Les raisons relatives à l'intrigue (contenu) : ...
   • Les raisons relatives à la narration (forme) : ...

3. Résumez et expliquez les deux coups de théâtre qui ponctuent ce chapitre.

   • Premier coup de théâtre : la victime n'a pas pu écrire : ...
   • Deuxième coup de théâtre : Monistrol a avoué le meurtre : ...

4. Relevez les informations concernant Méchinet dans cet extrait en complétant le tableau ci-dessous.

Caractéristiques physiques	Caractéristiques psychologiques et morales	État civil
– (lignes 385 et 386) : ...	– « énigmatique » (ligne 381) : ... – ...	– lieu : ... – fonction : ... – ...

5. Le narrateur, au chapitre 2, nous a averti que Méchinet puisait dans sa tabatière lorsqu'il lui advenait quelque chose « d'imprévu, d'agréable ou de fâcheux » (lignes 264 et 265) ou encore « pour dissimuler ses impressions et détourner l'attention de ses interlocuteurs » (lignes 268 à 270). À votre avis, pourquoi Méchinet se met-il à priser « avec fureur » (ligne 507) dans le chapitre 3 ?

   Parce que quelque chose « d'imprévu » et de « fâcheux » vient d'arriver. En effet...

6. La description de la pièce permet de se faire une idée du caractère et de la situation du défunt. Relevez les passages susceptibles de créer cette analogie.

   • Tout semble réglé dans l'univers du « petit vieux » : ...

- L'appartement laisse croire que le vieillard n'avait pas d'ennuis d'argent : ...
- Peut-être même a-t-il les moyens de se payer une femme de chambre : ...
- C'est un célibataire : ...

7. La victime n'est pas désignée par son nom, Pigoreau (ce que nous apprenons au chapitre 5, ligne 738), mais surnommée « le petit vieux des Batignolles » (lignes 418 et 419). Que signifie ce surnom et pourquoi est-il utilisé plutôt que le nom réel ?

Le surnom qualifie de trois façons la victime :
   – ...
   – ...
   – ...

DEUXIÈME APPROCHE : ANALYSER LE TEXTE

Ici, les questions approfondissent celles de l'étape précédente et surtout abordent les aspects formels du texte. Elles permettent d'en révéler et d'en évaluer les sous-entendus, en montrant, par exemple, le rôle de la ponctuation ou du temps des verbes, en faisant voir la portée d'une figure de style, la force d'une argumentation, l'effet de la tonalité* dominante du texte, etc. C'est aussi l'occasion de faire des liens entre fond et forme, de faire saisir en somme ce qui fait le propre du texte littéraire.

8. Godeuil agit presque malgré lui, soumis à une force irrésistible. Retrouvez le champ lexical de cette force.
   – ligne 390 : « âpre ».
   – ...

9. À partir du relevé précédent, il apparaît que la fatalité est un thème important de ce chapitre. Discutez de ce thème en quelques lignes, avec des citations appropriées.
   – La fatalité est un thème important puisqu'elle est évoquée à plusieurs reprises : ...
   – De plus, elle sert de moteur à l'action du héros : ...

10. Relevez les réflexions du narrateur au moment où il écrit et expliquez l'effet que ces réflexions produisent.

    – Le relevé :
        a) « qu'**aujourd'hui encore** je » (lignes 417 et 418) : ...
        b) ...
    – L'effet produit tient pour beaucoup au temps grammatical utilisé : ...

11. La tradition du roman policier met souvent en scène une police publique inefficace et un détective privé ou un amateur de loin supérieur (voir le tableau de l'introduction, p. 9-10). Ce chapitre illustre-t-il cette tradition ? Relevez les passages qui confirmeraient et ceux qui infirmeraient cette thèse, et prenez position.

    – Une police inefficace et un amateur supérieur : ...
    – Par contre, la police n'est pas sans qualités : ...

12. Il y a deux clôtures chapitrales possibles ici, en parallèle aux deux coups de théâtre (voir la question 3) : aux lignes 519 et 520 (« C'est affaire à vous, monsieur Méchinet, de le découvrir. ») et à la ligne 524 (le choix de Gaboriau). Comparez la première avec la seconde et expliquez le choix de l'auteur.

    – Clôture aux lignes 519 et 520 : le topos* narratif repose sur une nouvelle mission confiée à Méchinet.
    – Clôture à la ligne 524 : ...

13. Classez les dialogues situés entre les lignes 490 et 524 selon les niveaux* de langue utilisés et justifiez votre classement. Que peut-on déduire du niveau de langue privilégié par Gaboriau dans ses dialogues ?

Niveaux de langue	Passages	Justifications
Soutenu*		
Familier*		
Vulgaire*		

    – Le niveau de langue des dialogues est surtout : …
    – On peut en déduire que ce niveau est vraisemblable, étant donné le fait que : …

14. La ponctuation est riche en points de suspension. Relevez quelques exemples et expliquez l'effet obtenu.

    Les exemples sont nombreux. On peut distinguer ceux qui appartiennent au narrateur et ceux des discours* directs : …

15. Repérez au moins cinq figures de style différentes dans ce chapitre et évaluez celle que privilégie Gaboriau, en considérant sa fréquence, et celle qui est la plus significative pour faire avancer la narration.

Figures	Citations
– Hyperbole*	
– …	
– …	
– …	
– …	

    – La plus fréquente est l'hyperbole. Mais la plus significative est : …

TROISIÈME APPROCHE : COMMENTER LE TEXTE

Les questions qui suivent visent à amener le lecteur à établir des relations entre différents éléments du texte et, par déduction, à proposer des interprétations. Dans un premier temps, elles présentent des réflexions sur l'ensemble de l'extrait, autour d'une problématique esquissée aux approches précédentes. Dans un deuxième temps, elles visent à établir des liens entre le texte analysé et un autre extrait de l'œuvre (**Comparaison avec un autre passage du roman**), puis elles proposent une incursion dans un passage d'une autre œuvre (**Comparaison avec un passage d'une autre œuvre**). Cette capacité à tisser des liens émane d'une compréhension profonde du texte, servie par une sensibilité aiguë, et développe une quête permanente de cohérence de même qu'une recherche d'intégration culturelle.

16. Lisez les quatre premiers paragraphes comme s'ils n'en formaient qu'un. Cette opération modifie la lecture et permet de comprendre pourquoi les paragraphes courts ont été principalement utilisés. Expliquez votre découverte.

Les paragraphes courts précipitent le rythme : ...

17. Quelles tonalités principales se dégagent de ce chapitre et quels en seraient les effets sur le lecteur ?

On constate d'abord une *tonalité réaliste** : ...

Le genre des mémoires ouvre toutefois la porte à une autre tonalité qui est exploitée dans cet extrait, la *tonalité lyrique** : ...

On peut déceler des éléments d'une *tonalité fantastique** : ...

18. Quelle relation existe-t-il entre la fatalité et la raison dans ce chapitre ? Expliquez-la.

On peut dire qu'il s'agit d'une relation paradoxale. En effet : ...

19. La découverte de Godeuil semble truquée et invraisemblable, selon Régis Messac[1]. À ses yeux, il est difficile de croire que le juge et les policiers aient pu être assez négligents pour ne pas vérifier si Pigoreau était gaucher. Partagez-vous cette opinion ou, au contraire, pensez-vous que Gaboriau était assez conscient de cette faiblesse pour la contourner habilement ?

D'un strict point de vue réaliste, l'objection de Messac est tout à fait fondée.

Par contre, il faut modérer l'objection de Messac : ...

---

1. Régis Messac, Le « *Detective Novel* » et *l'influence de la pensée scientifique*, Paris, Champion, 1929.

20. En 1952, Thomas Narcejac propose cette définition du suspense : « Un récit dont la vraisemblance et l'étrangeté sont telles que notre âme se sent paralysée et agonise. » Il précise aussi que la douleur n'est pas physique : « elle est morale dans la mesure où elle résulte d'un conflit entre la raison et la destinée »[1]. Comment cette définition du suspense et son effet douloureux se retrouvent-ils dans le récit de Godeuil ?

S'il y a suspense, c'est bien à cause d'une contradiction entre l'esprit « clinique » de Godeuil, sa curiosité, et cette force irrésistible qui le pousse vers le cadavre. On pourrait se demander jusqu'à un certain point si Godeuil est libre, tant il n'a plus de volonté.

Et il en souffre puisque : ...

COMPARAISON AVEC UN AUTRE PASSAGE DU ROMAN

L'interrogatoire de la concierge

Chapitre 5

(lignes 738 à 790)

— Il s'appelait Pigoreau, mon bon monsieur, mais il était surtout connu sous le nom d'Anténor, qu'il avait pris autrefois,
740 comme étant plus en rapport avec son commerce.
— Habitait-il la maison depuis longtemps ?
— Depuis huit ans.
— Où demeurait-il avant ?
— Rue Richelieu[2], où il avait son magasin... car il avait été
745 établi, il avait été coiffeur, et c'est dans cet état qu'il avait gagné sa fortune.
— Il passait donc pour riche ?

---

1. « Le "suspense" », repris dans Boileau-Narcejac, *Quarante ans de suspense*, Paris, Robert Laffont, 1988, p. 1196.
2. *Rue Richelieu* : rue du IIIe arrondissement (Rive droite), passant tout près du Palais-Royal (voir la note 2, p. 55).

— J'ai entendu dire à sa nièce qu'il ne se laisserait pas couper le cou pour un million.

750   À cet égard, la prévention[1] devait être fixée, puisqu'on avait
inventorié les papiers du pauvre vieux.

— Maintenant, poursuivit monsieur Méchinet, quelle espèce
d'homme était ce sieur Pigoreau, dit Anténor?

— Oh! la crème des hommes, cher bon monsieur, répon-
755   dit la concierge... Il était bien tracassier, maniaque, grigou
comme il n'est pas possible, mais il n'était pas fier[2]... Et si drôle,
avec cela!... On aurait passé ses nuits à l'écouter, quand il était
en train... C'est qu'il en savait de ces histoires! Pensez donc,
un ancien coiffeur, qui avait, comme il disait, frisé les plus
760   belles femmes de Paris...

— Comment vivait-il?

— Comme tout le monde... Comme les gens qui ont des
rentes, s'entend[3], et qui cependant tiennent à leur monnaie.

— Pouvez-vous me donner quelques détails?

765   — Oh! pour cela, je le pense, vu que c'est moi qui avais soin
de son ménage... Et cela ne me donnait guère de peine, car
il faisait presque tout, balayant, époussetant et frottant lui-
même... C'était sa manie, quoi! Donc, tous les jours que le
bon Dieu faisait, à midi battant[4], je lui montais une tasse de
770   chocolat. Il la buvait, il avalait par-dessus un grand verre d'eau,
et c'était son déjeuner. Après il s'habillait, et ça le menait jusqu'à deux heures, car il était coquet et soigneux de sa personne
plus qu'une mariée. Sitôt paré, il sortait pour se promener dans

1. *prévention* : instruction (voir les notes 1 et 3, p. 46 et 48).

2. *il n'était pas fier* : (POP.) « Il [était] familier (avec les gens simples). » (*Robert*)

3. *s'entend* : bien entendu, bien sûr.

4. *à midi battant* : à midi précis, lorsque le battant de la cloche de l'horloge sonne l'heure.
    Voir *tapant*.

Paris. À six heures, il s'en allait dîner dans une pension bour-
775 geoise, chez les demoiselles Gomet, rue de la Paix[1]. Après son
dîner il courait prendre sa demi-tasse[2] et faire sa fine partie[3]
au café Guerbois[4]... et à onze heures il rentrait se coucher.
Enfin, il n'avait qu'un défaut, le pauvre bonhomme[5]... Il était
porté sur le sexe[6]. Même souvent, je lui disais : « À votre âge,
780 n'avez-vous pas de honte[7] !... » Mais on n'est pas parfait, et on
comprend ça d'un ancien parfumeur[8], qui avait eu dans sa vie
des tas de bonnes fortunes[9]...

Un sourire obséquieux errait sur les lèvres de la puissante[10]
concierge, mais rien n'était capable de dérider monsieur
785 Méchinet.

— Monsieur Pigoreau recevait-il beaucoup de monde ?
continua-t-il.

---

1. *rue de la Paix* : il pourrait s'agir de l'ancienne rue de la Paix qu'on trouvait dans le
    village des Batignolles puisque le café Guerbois (voir la note 4) n'en était pas si éloi-
    gné. Par contre, on trouve aussi une rue de la Paix dans le vieux Paris, qui va de la
    Place Vendôme au boulevard des Capucines, dans le IIe arrondissement.

2. *demi-tasse* : « Tasse plus petite que les tasses ordinaires et dans laquelle on sert or-
    dinairement du café à l'eau. » (*Littré*)

3. *fine partie* : l'expression usuelle est « partie fine ». « Partie de plaisir où l'on met quelque
    mystère. » (*Littré*) La partie ici signifie un divertissement. S'agit-il d'une partie de
    dominos ? Le terme dépasse un simple jeu. En ce sens, *partie* a été emprunté par
    l'anglais avant de revenir en français en « party » pour supplanter le terme original.

4. *café Guerbois* : situé au 11, Grande rue des Batignolles (aujourd'hui, 9, avenue de
    Clichy), ce café est célèbre pour avoir abrité les discussions des peintres impres-
    sionnistes autour d'Édouard Manet dont le domicile se trouvait au 34, boulevard
    des Batignolles. Pendant dix ans, de 1865 à 1875, « tous les vendredis se retrou-
    vaient là Bazille, Degas, Renoir, Pissarro, Monet, de temps en temps Cézanne. Outre
    les peintres, y venaient les écrivains et les critiques favorables aux idées nouvelles
    qui s'échangeaient là et dont Zola se fit le porte-parole. [...] C'est là qu'est né le mou-
    vement impressionniste [...] » (Jean-Paul Clébert, *La Littérature à Paris*, p. 168).

5. *bonhomme* : voir la note 1, p. 31.

6. *sexe* : « Le beau sexe, ou ABSOL. le sexe, les femmes. » (*Littré*)

7. *n'avez-vous pas de honte* : « Avoir de honte ou avoir honte. » (*Littré*)

8. *parfumeur* : coiffeur. La parfumerie comprend la fabrication et la vente de produits
    de toilette et de beauté qu'utilise un coiffeur.

9. *bonnes fortunes* : (VX) « Bonne fortune, faveurs d'une femme. Un homme à bonnes
    fortunes. » (*Littré*)

10. *puissante* : (FAM.) « Qui a beaucoup d'embonpoint. » (*Littré*)

– Très peu... Je ne voyais guère venir chez lui que son neveu, monsieur Monistrol, à qui, tous les dimanches, il payait à dîner
790 chez le père Lathuile[1].

21. Ce passage du chapitre 5 permet de confirmer certaines caractéristiques de Pigoreau trouvées à la question 6 et d'en connaître d'autres. Complétez le tableau suivant.

Caractéristiques au chapitre 3	Confirmées au chapitre 5 par : ...
– Tout semble réglé dans l'univers du « petit vieux ».	– ...
– ...	– ...
– ...	– ...
– ...	– ...
Nouvelles caractéristiques tirées du passage	
...	

COMPARAISON AVEC UN PASSAGE D'UNE AUTRE ŒUVRE

———

Trois ans avant la rédaction du Petit Vieux des Batignolles, ***Émile Zola** (1840-1902) publie* Thérèse Raquin, *roman narrant un amour adultère pour lequel les amants suppriment le mari. Rongés par des remords névrotiques, les amants ne pourront jouir de leur liberté et se suicideront. Dans l'extrait suivant, Camille vient d'être noyé par sa femme Thérèse et son amant Laurent. Même triangle fatal chez Zola que chez Gaboriau, mais avec un point de vue tout à fait différent, celui des criminels.*

———

———

1. *le père Lathuile* : restaurant situé au 7, avenue de Clichy, dans le prolongement du boulevard des Batignolles. Immortalisé par une toile d'Édouard Manet, *Chez le Père Lathuille* (1879). Les Goncourt s'y rendaient également, comme en témoigne ce passage de leur *Journal* du 5 juin 1890 : « Déjeuner chez le père Lathuile, [...] Ah ! quel vieux cabaret, avec ses garçons fossiles, et ses *déjeuneurs* qui ont l'air de comparses des repas de théâtre !... Ah ! c'est bien le cabaret démodé, figurant dans la gravure de l'attaque de la barrière Clichy, en 1814, et qu'on voit encadrée dans le vestibule. » Le restaurant du père Lathuile (ou Lathuille, les deux orthographes se concurrençant) s'était installé en bordure de l'enceinte des Fermiers Généraux pour éviter de payer l'octroi (la taxe d'entrée des marchandises à Paris).

Thérèse Raquin

(1867)

En bas, dans la salle commune, il y avait un agent de police qui verbalisait sur l'accident. Michaud[1] et son fils descendirent, suivis de Laurent. Quand Olivier[2] eut fait connaître sa qualité d'employé supérieur de la Préfecture, tout fut terminé en dix minutes. Les canotiers étaient encore là, racontant la noyade dans ses moindres circonstances, décrivant la façon dont les trois promeneurs étaient tombés, se donnant comme des témoins oculaires[3]. Si Olivier et son père avaient eu le moindre soupçon, ce soupçon se serait évanoui, devant de tels témoignages. Mais ils n'avaient pas douté un instant de la véracité de Laurent; ils le présentèrent au contraire à l'agent de police comme le meilleur ami de la victime, et ils eurent le soin de faire mettre dans le procès-verbal que le jeune homme s'était jeté à l'eau pour sauver Camille Raquin. Le lendemain, les journaux racontèrent l'accident avec un grand luxe de détails; la malheureuse mère, la veuve inconsolable, l'ami noble et courageux, rien ne manquait à ce fait divers, qui fit le tour de la presse parisienne et qui alla ensuite s'enterrer dans les feuilles[4] des départements.

Quand le procès-verbal fut achevé, Laurent sentit une joie chaude qui pénétra sa chair d'une vie nouvelle. Depuis l'instant où sa victime lui avait enfoncé les dents dans le cou, il était comme roidi, il agissait mécaniquement, d'après un plan arrêté longtemps à l'avance. L'instinct de la conservation seul le poussait, lui dictait ses paroles, lui conseillait ses gestes. À

---

1. Commissaire de police à la retraite, ami des Raquin et de Laurent.
2. Fils de Michaud, lui aussi un ami des Raquin et de Laurent.
3. Ce qu'ils n'étaient pas, étant accourus alors que Laurent et Thérèse appelaient à l'aide.
4. *feuilles* : journaux.

cette heure, devant la certitude de l'impunité, le sang se remettait à couler dans ses veines avec des lenteurs douces. La police avait passé à côté de son crime, et la police n'avait rien vu ; elle était dupée, elle venait de l'ac-
30   quitter. Il était sauvé. Cette pensée lui fit éprouver tout le long du corps des moiteurs de jouissance, des chaleurs qui rendirent la souplesse à ses membres et à son intelligence. Il continua son rôle d'ami éploré avec une science et un aplomb incomparables.[1]

22. Établissez les différences entre le chapitre 3 du *Petit Vieux des Batignolles* et cet extrait de *Thérèse Raquin*. Inspirez-vous du tableau suivant.

	Le Petit Vieux des Batignolles	Thérèse Raquin
1. Le système judiciaire et la police sont représentés par :		
2. Il y a un enquêteur amateur :		
3. Le point de vue privilégié est celui de :		
4. Les caractéristiques de la psychologie des personnages :		
5. Le rôle de la fatalité :		
6. Les tonalités dominantes :		
7. Les caractéristiques des paragraphes :		
8. La présence ou l'absence des points de suspension et d'exclamation :		
9. Les figures de style présentes :		
10. La longueur des phrases :		

---

1. Émile Zola, *Thérèse Raquin*, Paris, Le livre de poche, 1984, p. 94-95.

23. Regroupez les éléments de la question précédente et dressez un plan d'exposé de trois à cinq parties, où vous mettrez en relief les informations les plus pertinentes trouvées plus haut. Rédigez ensuite les paragraphes exigés par ce plan.

- Le plan serait le suivant :
  – Gaboriau et Zola adoptent deux points de vue différents sur le système judiciaire : ...
  – ...
- Rédaction des paragraphes.

L'interrogatoire de monsieur Monistrol

Chapitre 6

(lignes 884 à 1065)

De même que pour venir aux Batignolles, nous prîmes un
885 fiacre pour nous rendre à la préfecture de police.

La préoccupation de monsieur Méchinet était grande : ses
doigts ne cessaient de voyager de sa tabatière vide à son nez,
et je l'entendais grommeler entre ses dents :

– J'en aurai le cœur net ! Il faut que j'en aie le cœur net.

890 Puis il sortait de sa poche le bouchon que je lui avais remis,
il le tournait et le retournait avec des mines de singe épluchant
une noix et murmurait :

– C'est une pièce à conviction, cependant... il doit y avoir
un parti à tirer de cette cire verte...

895 Moi, enfoncé dans mon coin, je ne soufflais mot.

Assurément ma situation était des plus bizarres, mais je n'y
songeais pas. Tout ce que j'avais d'intelligence était absorbé
par cette affaire ; j'en ruminais dans mon esprit les éléments
divers et contradictoires, et je m'épuisais à pénétrer le secret
900 du drame que je pressentais.

Lorsque notre **voiture** s'arrêta, il faisait nuit noire.

Le quai des Orfèvres[1] était désert et silencieux : pas un bruit,
pas un passant. Les rares boutiques des environs étaient fer-
mées. Toute la vie du quartier s'était réfugiée dans le petit res-
905 taurant qui fait presque le coin de la rue de Jérusalem[2], et sur

---

1. *quai des Orfèvres* : siège de la police judiciaire, de la préfecture. Encore aujourd'hui,
c'est l'appellation commune (on l'écrit avec deux majuscules : Quai des Orfèvres).

2. *rue de Jérusalem* : au XIXᵉ siècle, la police judiciaire avait sa préfecture sur cette petite
rue de l'île de la Cité, au cœur de Paris, qui débouchait sur le Quai des Orfèvres. Elle
n'existe plus aujourd'hui, ayant été absorbée par l'agrandissement du Palais de Justice
en 1862. Incendiés par les Communards de 1871, les bureaux de la police judiciaire
déménagèrent en face du Palais de Justice, boulevard du Palais, sur l'île de la Cité.

les rideaux rouges de la devanture se dessinait l'ombre des consommateurs.

– Vous laissera-t-on arriver jusqu'au prévenu ? demandai-je à monsieur Méchinet.

910 – Assurément, me répondit-il. Ne suis-je pas chargé de suivre l'affaire… Ne faut-il pas que selon les nécessités imprévues de l'enquête, je puisse, à toute heure de jour et de nuit, interroger le détenu !…

Et d'un pas rapide, il s'engagea sous la voûte, en me disant :

915 – Arrivez, arrivez, nous n'avons pas de temps à perdre.

Il n'était pas besoin qu'il m'encourageât. J'allais à sa suite, agité d'indéfinissables émotions et tout frémissant d'une vague curiosité.

C'était la première fois que je franchissais le seuil de la pré-
920 fecture de police, et Dieu sait quels étaient alors mes préjugés.

« Là, me disais-je, non sans un certain **effroi**, là est le **secret** de Paris… »

J'étais si bien **abîmé** dans mes réflexions, qu'oubliant de regarder à mes pieds, je faillis tomber.

925 Le choc me ramena au sentiment de la situation.

Nous longions alors un immense couloir aux murs humides et au pavé raboteux. Bientôt mon compagnon entra dans une petite pièce où deux hommes jouaient aux cartes pendant que trois ou quatre fumaient leur pipe, étendus sur un lit de camp.
930 Il échangea avec eux quelques paroles qui n'arrivèrent pas jusqu'à moi qui restais dehors, puis il ressortit et nous nous remîmes en marche.

Ayant traversé une cour et nous étant engagés dans un second couloir, nous ne tardâmes pas à arriver devant une grille
935 de fer à pesants verrous et à serrure formidable.

Sur un mot de monsieur Méchinet, un surveillant nous l'ouvrit, cette grille ; nous laissâmes à droite une vaste salle où il

me sembla voir des sergents de ville[1] et des gardes de Paris[2],
et enfin, nous gravîmes un escalier assez roide.

940   Au haut de cet escalier, à l'entrée d'un étroit corridor percé
de quantité de petites portes, était assis un gros homme à face
joviale, qui certes n'avait rien du **classique** geôlier.

Dès qu'il aperçut mon compagnon :

– Eh ! c'est monsieur Méchinet ! s'écria-t-il... Ma foi ! je vous
945   attendais... Gageons que vous venez pour l'assassin du petit
vieux des Batignolles.

– Précisément. Y a-t-il du nouveau ?

– Non.

– Cependant le juge d'instruction doit être venu.

950   – Il sort d'ici.

– Eh bien ?...

– Il n'est pas resté trois minutes avec l'accusé, et en le quittant il avait l'air très satisfait. Au bas de l'escalier, il a rencontré
monsieur le directeur, et il lui a dit : « C'est une affaire dans
955   le sac ; l'assassin n'a même pas essayé de nier... »

Monsieur Méchinet eut un bond de trois pieds, mais le gardien ne le remarqua pas, car il reprit :

– Du reste, ça ne m'a pas surpris.... Rien qu'en voyant le
particulier[3], quand on me l'a amené, j'ai dit : « En voilà un qui
960   ne saura pas **se tenir**. »

– Et que fait-il maintenant ?

– Il geint... On m'a recommandé de le surveiller, de peur
qu'il ne se suicide, et comme de juste[4], je le surveille... mais
c'est bien inutile... C'est encore un de ces gaillards qui tien-
965   nent plus à leur peau qu'à celle des autres...

---

1. *sergents de ville* : voir la note 2, p. 33.

2. *gardes de Paris* : les sergents de ville et les gardes municipaux coexistaient tout en exerçant des tâches très similaires du maintien de l'ordre public.

3. *particulier* : voir la note 3, p. 45.

4. *comme de juste* : effectivement.

– Allons le voir, interrompit monsieur Méchinet, et surtout pas de bruit...

Tous trois, aussitôt, sur la pointe des pieds, nous nous avançâmes jusqu'à une porte de **chêne plein**, percée à hauteur 970 d'homme d'un guichet grillé.

Par ce guichet, on voyait tout ce qui se passait dans la cellule, éclairée par un chétif bec de gaz.

Le gardien donna d'abord un coup d'œil, monsieur Méchinet regarda ensuite, puis vint mon tour...

975 Sur une étroite couchette de fer recouverte d'une couverture de laine grise à bandes jaunes, j'aperçus un homme couché à plat ventre, la tête cachée entre ses bras à demi repliés.

Il pleurait : le bruit sourd de ses sanglots arrivait jusqu'à moi, et par instants un tressaillement convulsif le secouait de la tête 980 aux pieds.

– Ouvrez-nous, maintenant, commanda monsieur Méchinet au gardien.

Il obéit et nous entrâmes.

Au grincement de la clef, le prisonnier s'était soulevé et assis 985 sur son grabat, les jambes et les bras pendants, la tête inclinée sur la poitrine, il nous regardait d'un air hébété.

C'était un homme de trente-cinq à trente-huit ans, d'une **taille** un peu au-dessus de la moyenne, mais robuste, avec un cou **apoplectique** enfoncé entre de larges épaules. Il était laid ; 990 la petite vérole l'avait défiguré, et son long nez droit et son front fuyant lui donnaient quelque chose de la physionomie stupide du mouton. Cependant, ses yeux bleus étaient très beaux, et il avait les dents d'une remarquable blancheur...

– Eh bien ! monsieur Monistrol, commença monsieur 995 Méchinet, nous nous **désolons** donc !

Et l'infortuné ne répondant pas :

– Je conviens, poursuivit-il, que la situation n'est pas gaie... Cependant, si j'étais à votre place, je voudrais prouver que je suis un homme. Je me ferais une raison, et je tâcherais de dé-
1000 montrer mon innocence.

— Je ne suis pas innocent.

Cette fois, il n'y avait ni à **équivoquer** ni à suspecter l'intelligence d'un agent, c'était de la bouche même du prévenu que nous recueillions le terrible aveu.

1005 — Quoi! s'exclama monsieur Méchinet, c'est vous qui...

L'homme s'était redressé sur ses jambes titubantes, l'œil injecté, la bouche écumante, en proie à un véritable accès de rage.

— Oui, c'est moi, interrompit-il, moi seul. Combien de
1010 fois faudra-t-il donc que je le répète?... Déjà, tout à l'heure, un juge est venu, j'ai tout avoué et signé mes aveux... Que demandez-vous de plus? Allez, je sais ce qui m'attend, et je n'ai pas peur... J'ai tué, je dois être tué!... Coupez-moi donc le cou, le plus tôt sera le mieux...

1015 Un peu étourdi d'abord, monsieur Méchinet s'était vite remis.

— Un instant, que diable! dit-il; on ne coupe pas le cou aux gens comme cela... D'abord, il faut qu'ils prouvent qu'ils sont coupables... Puis, la justice comprend certains égarements,
1020 certaines fatalités, si vous voulez, et c'est même pour cela qu'elle a inventé les circonstances atténuantes.

Un gémissement inarticulé fut la seule réponse de Monistrol, et monsieur Méchinet continua :

— Vous lui en vouliez donc terriblement à votre oncle?
1025 — Oh! non!

— Alors, pourquoi?...

— Pour hériter. Mes affaires étaient mauvaises, allez aux informations... J'avais besoin d'argent, mon oncle, qui était très riche, m'en refusait...

1030 — Je comprends, vous espériez échapper à la justice...

— Je l'espérais.

Jusqu'alors, je m'étais étonné de la façon dont monsieur Méchinet conduisait ce rapide interrogatoire, mais maintenant je me l'expliquais... Je devinais la suite, je voyais quel piège
1035 il allait tendre au prévenu.

– Autre chose, reprit-il, brusquement; où avez-vous acheté le revolver qui vous a servi à commettre le meurtre?

Nulle surprise ne parut sur le visage de Monistrol.

– Je l'avais en ma possession depuis longtemps, répondit-il.

1040 – Qu'en avez-vous fait après le crime?

– Je l'ai jeté sur le boulevard extérieur[1].

– C'est bien, prononça gravement monsieur Méchinet, on fera des recherches et on le retrouvera certainement.

Et après un moment de silence:

1045 – Ce que je ne m'explique pas, ajouta-t-il, c'est que vous vous soyez fait suivre de votre chien...

– Quoi! comment!... mon chien...

– Oui, Pluton... la concierge l'a reconnu...

Les poings de Monistrol se crispèrent, il ouvrit la bouche

1050 pour répondre, mais une réflexion soudaine traversant son esprit, il se rejeta sur son lit en disant d'un accent d'iné-branlable résolution:

– C'est assez me torturer, vous ne m'arracherez plus un mot...

1055 Il était clair qu'à insister on perdrait sa peine.

Nous nous retirâmes donc, et une fois dehors, sur le quai, saisissant le bras de monsieur Méchinet:

– Vous l'avez entendu, lui dis-je, ce malheureux ne sait seu-lement pas de quelle façon a péri son oncle... Est-il possible

1060 encore de douter de son innocence!...

Mais c'était un terrible sceptique, que ce vieux policier.

– Qui sait!... répondit-il... j'ai vu de fameux comédiens en ma vie... Mais en voici assez pour aujourd'hui... ce soir, je vous emmène manger ma soupe... Demain, il fera jour et nous

1065 verrons...

---

1. *le boulevard extérieur*: voir la note 1, p. 33.

PETIT LEXIQUE PRÉPARATOIRE À LA COMPRÉHENSION DE L'EXTRAIT

Nous vous suggérons de chercher dans le *Petit Robert 1* les mots en caractères gras dont vous auriez intérêt à vous méfier. Cette recherche vous aidera à mieux comprendre l'extrait, en saisissant notamment certaines nuances de la langue française du XIXe siècle, en apparence proche de la nôtre, mais qui nous réserve parfois des surprises. Ce faisant, remarquez bien l'étymologie des mots et notez le moment de leur apparition dans la langue.

ANALYSE DE L'EXTRAIT

Puisqu'il s'agit ici d'analyser un troisième extrait, vous ne trouverez que les questions. Vous devrez développer, nuancer et justifier vos réponses, en vous appuyant systématiquement sur le texte.

PREMIÈRE APPROCHE : COMPRENDRE LE TEXTE

Les questions qui suivent visent à bien faire saisir le sens général du texte et plus particulièrement le sens de certains mots, tournures, courts passages ou constructions narratives. Certaines questions pourraient être reprises plus loin, de manière à vous permettre d'atteindre une compréhension plus fine, plus nuancée, plus intégrée du texte.

1. Pourquoi Godeuil a-t-il failli tomber (ligne 924) ? Qu'y a-t-il aux pieds de Godeuil ?

2. Que signifie l'expression du geôlier : « En voilà un qui ne saura pas se tenir. » (lignes 959 et 960) ? Justifiez votre réponse.

3. Que désignent les deux pronoms personnels « ils » dans « il faut qu'ils prouvent qu'ils sont coupables... » (lignes 1018 et 1019) ?

4. Faites le plan du Quai des Orfèvres à partir des informations fournies par Gaboriau aux lignes 901 à 942. Soulignez ces informations dans le texte.

5. Faites le portrait du geôlier. Est-ce important que Gaboriau nous présente un geôlier qui ne soit pas «classique» comme s'y attendait Godeuil?

6. Qu'est-ce que Méchinet et Godeuil apprennent au sujet du juge d'instruction (lignes 944 à 967)?

7. Aux yeux de Monistrol, l'application de la justice est simple: «J'ai tué, je dois être tué!...» (ligne 1013) Mais Méchinet lui rappelle un principe de base de cette justice. Lequel? Retrouvez ses mots et expliquez-les brièvement.

8. En renouvelant son aveu, Monistrol est sous le coup d'une forte émotion. Retrouvez ce passage et précisez la cause de cette émotion.

9. Relisez le portrait de Monistrol (lignes 984 à 993). Relevez les adjectifs utilisés pour le décrire. Quelles connotations* s'en dégage-t-il?

10. Comment Godeuil arrive-t-il à croire à l'innocence de Monistrol? Donnez deux raisons.

DEUXIÈME APPROCHE: ANALYSER LE TEXTE

Ici, les questions approfondissent celles de l'étape précédente et surtout abordent les aspects formels du texte. Elles permettent d'en révéler et d'en évaluer les sous-entendus, en montrant, par exemple, le rôle de la ponctuation ou du temps des verbes, en faisant voir la portée d'une figure de style, la force d'une argumentation, l'effet de la tonalité* dominante du texte, etc. C'est aussi l'occasion de faire des liens entre fond et forme, de faire saisir en somme ce qui fait le propre du texte littéraire.

11. En reprenant les passages soulignés pour répondre à la question 4, attardez-vous à la progression des personnages.

Quelle atmosphère ou quel sentiment dominant Gaboriau voulait-il inspirer par la succession d'espaces et d'obstacles que les adjectifs connotent fortement ?

12. Toute narration alterne action et description. Selon les intentions de l'auteur, une narration peut être plus ou moins descriptive en comprimant ou en dilatant la place accordée aux actions des personnages. L'alternance entre action et description induit aussi un rythme, une temporalité qui peut servir un suspense.

Distinguez des procédés narratifs usuels tels que les tableaux*, les scènes* (comprenant les scènes dialoguées), les sommaires* et les portraits* dans les passages suivants.

Lignes	Procédé
884 à 900	
901 à 907	
908 à 939	
940 à 942	
943 à 983	
984 à 993	
994 à 1026	

13. Lequel de ces quatre procédés narratifs (tableau*, scène*, portrait*, sommaire*) privilégie Gaboriau ? Selon vous, quel effet veut-il de cette façon susciter ?

14. « Monsieur Méchinet eut un bond de trois pieds, mais le gardien ne le remarqua pas » (lignes 956 et 957). Voilà un gardien bien peu attentif. Ou alors la description n'est pas réaliste. Qu'en pensez-vous ?

15. Relisez les premières paroles de Méchinet à Monistrol (lignes 994 à 1000). Qualifiez et expliquez le sentiment que manifeste Méchinet.

16. De nombreux indices montrent que Godeuil est à la fois inexpérimenté et un double en devenir de Méchinet. Trouvez deux indices de son inexpérience et deux indices de sa propension à être lui aussi un enquêteur.

TROISIÈME APPROCHE : COMMENTER LE TEXTE

Les questions qui suivent visent à amener le lecteur à établir des relations entre différents éléments du texte et, par déduction, à proposer des interprétations. Dans un premier temps, elles présentent des réflexions sur l'ensemble de l'extrait, autour d'une problématique esquissée aux approches précédentes. Dans un deuxième temps, elles visent à établir des liens entre le texte analysé et un autre extrait de l'œuvre (**Comparaison avec un autre passage du roman**), puis elles proposent une incursion dans des passages d'autres œuvres (**Comparaison avec des passages d'autres œuvres**). Cette capacité à tisser des liens émane d'une compréhension profonde du texte, servie par une sensibilité aiguë, et développe une quête permanente de cohérence de même qu'une recherche d'intégration culturelle.

17. La description de l'**extérieur** du Quai des Orfèvres (lignes 901 à 907) est brève, mais significative. Comment l'interpréter ? Expliquez en vous reportant à des éléments de description.

18. Monistrol sait-il que sa femme a un amant ? Probablement, mais on ne peut l'affirmer de façon certaine. Construisez le raisonnement qui permettrait à Monistrol de comprendre les motivations de sa femme (si elle est coupable) et qui pourrait lui laisser croire à l'existence d'un amant.

19. Monistrol ne veut plus parler (lignes 1053 et 1054). Est-ce que cela ne fait que confirmer sa stupidité ou est-ce que cela donne une dimension plus tragique au drame de Monistrol ? Expliquez.

COMPARAISON AVEC UN AUTRE PASSAGE DU ROMAN

L'interrogatoire de madame Monistrol

Chapitre 10

(lignes 1542 à 1618)

Elle paraissait accablée d'une douleur immense, de grosses larmes roulaient le long de ses joues pâlies, et cependant il me semblait par moments découvrir au fond de ses grands
1545 yeux bleus comme un éclair de joie.

« Serait-elle donc coupable !... » pensais-je.

Et cette idée qui déjà m'était venue, se représentant plus obstinément à mon esprit, je m'avançai vivement, et d'un ton brusque :

1550 — Mais vous, madame, demandai-je, vous, où étiez-vous, pendant cette soirée fatale, à l'heure où votre mari courait inutilement à Montrouge, à la recherche de son ouvrier ?...

Elle arrêta sur moi un long regard plein de stupeur, et doucement :

1555 — J'étais ici, monsieur, répondit-elle ; des témoins vous l'affirmeront.

— Des témoins !

— Oui, monsieur... Il faisait si chaud, ce soir-là, que j'eus envie de prendre une glace... mais la prendre seule m'ennuyait.
1560 J'envoyai donc ma bonne inviter deux de mes voisines, madame Dorstrich, la femme du bottier dont le magasin touche le nôtre, et madame Rivaille, la gantière d'en face... Ces deux dames acceptèrent mon invitation, et elles sont restées ici jusqu'à onze heures et demie... Interrogez-les, elles vous le di-
1565 ront... Au milieu des épreuves si cruelles que je subis, cette circonstance fortuite est une faveur du bon Dieu...

Était-ce bien une circonstance fortuite ?...

Voilà ce que d'un coup d'œil plus rapide que l'éclair nous nous demandâmes, monsieur Méchinet et moi.

1570 Quand le hasard est si intelligent que cela, quand il sert une cause avec tant d'à-propos, il est bien difficile de ne point le soupçonner d'avoir été quelque peu préparé et provoqué.

Mais le moment était mal choisi de découvrir le fond de notre pensée.

1575 – Vous n'avez jamais été soupçonnée, vous, madame, déclara effrontément monsieur Méchinet. Le pis qu'on puisse supposer c'est que votre mari vous ait dit quelque chose du crime avant de le commettre...

– Monsieur... si vous nous connaissiez...

1580 – Attendez... Votre commerce ne va pas très bien, nous a-t-on dit, vous étiez gênés[1]...

– Momentanément, oui, en effet...

– Votre mari devait être malheureux et inquiet de cette situation précaire... Il devait en souffrir surtout pour vous, qu'il

1585 adore, pour vous, qui êtes jeune et belle... Pour vous, plus que pour lui, il devait désirer ardemment les jouissances du luxe et les satisfactions d'amour-propre que procure la fortune...

– Monsieur, encore une fois, mon mari est innocent...

D'un air réfléchi, monsieur Méchinet parut s'emplir le nez

1590 de tabac, puis tout à coup :

– Alors, sacrebleu ! comment expliquez-vous ses aveux !... Un innocent qui se déclare coupable au seul énoncé du crime dont il est soupçonné, c'est rare, cela, madame, c'est prodigieux !

1595 Une fugitive rougeur monta aux joues de la jeune femme.

Pour la première fois, son regard, jusqu'alors droit et clair, se troubla et vacilla.

– Je suppose, répondit-elle d'une voix peu distincte, et avec un redoublement de larmes, je crois que mon mari, saisi

---

1. *gênés* : dans une situation financière embarrassante.

1600 d'épouvante et de stupeur, en se voyant accusé d'un si grand
crime, a perdu la tête.

Monsieur Méchinet hocha la tête.

– À la grande rigueur, prononça-t-il, on pourrait admettre
un délire passager... mais ce matin, après toute une longue
1605 nuit de réflexions, monsieur Monistrol persiste dans ses premiers aveux.

Était-ce vrai ? Mon digne voisin prenait-il cela sous son bonnet, ou bien, avant de venir me chercher, était-il allé prendre
langue[1] au dépôt ?

1610 Quoi qu'il en soit, la jeune femme parut près de s'évanouir,
et cachant sa tête entre ses mains, elle murmura :

– Seigneur Dieu !... Mon pauvre mari est devenu fou.

Ce n'était pas là, il s'en faut, mon opinion.

Persuadé, désormais, que j'assistais à une comédie et que
1615 le grand désespoir de cette jeune femme n'était que mensonge,
je me demandais si, pour certaines raisons qui m'échappaient,
elle n'avait pas déterminé le parti terrible pris par son mari,
et si, lui innocent, elle ne connaissait pas le vrai coupable.

20. Godeuil cesse d'être un spectateur attentif des interrogatoires (lignes 1542 à 1552). Pourquoi et comment ? Ce faisant, est-il efficace ?

21. Le bluff est nécessaire à Méchinet. Il lui a servi à faire se
contredire monsieur Monistrol. Où s'en sert-il cette fois-
ci ? Obtient-il des résultats aussi probants ?

22. Relevez trois éléments qui, selon vous, ont pu persuader
Godeuil qu'il assistait « à une comédie et que le grand désespoir de cette jeune femme n'était que mensonge » (lignes
1614 et 1615).

---

1. *prendre langue* : « Aller aux renseignements. » (*Littré*)

COMPARAISON AVEC DES PASSAGES D'AUTRES ŒUVRES

———————

*Dans un roman antérieur d'**Émile Gaboriau**, L'Affaire Lerouge (1865),*
on assiste à un interrogatoire entre le juge d'instruction Daburon et
un prévenu, le vicomte Albert de Commarin. Ce dernier est censé être
au-dessus de tout soupçon, appartenant à l'une des premières familles
de France. Cela n'a pas empêché la police de l'associer au meurtre de
la veuve Lerouge. Les preuves sont accablantes : on retrouve chez lui l'arme
du crime, l'empreinte du criminel correspond à celles de ses bottes,
la trace de son parapluie aussi, même ses mégots. Tout l'incrimine,
mais De Commarin clame son innocence.

———————

L'Affaire Lerouge

(1865)

— Oui ! murmura Albert ; c'est une fatalité, c'est une coïnci-
dence étrange !

— Patience ! ce n'est rien encore. L'assassin de la veuve
Lerouge portait des gants. La victime, dans les convulsions
5 de l'agonie, s'est accrochée aux mains du meurtrier, et des
éraillures de peau sont restées entre ses ongles. On les a ex-
traites, et les voici. Elles sont d'un gris perle, n'est-il pas vrai ?
Or, on a retrouvé les gants que vous portiez mardi, les voici.
Ils sont gris et ils sont éraillés. Comparez ces débris à vos gants.
10 Ne s'y rapportent-ils pas ? N'est-ce pas la même couleur, la
même peau ?

Il n'y avait pas à nier, ni à équivoquer[1], ni à chercher des
subterfuges. L'évidence était là, sautant aux yeux. Le fait brutal éclatait. Tout en paraissant s'occuper exclusivement des ob-
15 jets déposés sur son bureau, M. Daburon ne perdait pas de
vue le prévenu. Albert était terrifié. Une sueur glacée
mouillait son front et glissait en gouttelettes le long de ses

———————

1. *équivoquer* : voir son occurrence dans l'extrait du *Petit Vieux des Batignolles*, ligne 1002,
   p. 146.

joues. Ses mains tremblaient si fort qu'il ne pouvait s'en servir. D'une voix étranglée, il répétait :

20   — C'est horrible ! horrible !

— Enfin, poursuivit l'inexorable juge, voici le pantalon que
vous portiez le soir du meurtre. Il est visible qu'il a été mouillé,
et à côté de la boue, il porte des traces de terre. Tenez, ici. De
plus, il est déchiré au genou. Que vous ne vous souveniez plus
25   des endroits où vous êtes allé vous promener, je l'admets pour
un moment, on peut le concevoir, à la rigueur. Mais à qui
ferez-vous entendre que vous ne savez pas où vous avez déchiré votre pantalon et éraillé vos gants ?

Quel courage résisterait à de tels assauts ? La fermeté et
30   l'énergie d'Albert étaient à bout. Le vertige le prenait. Il se laissa
tomber lourdement sur une chaise en disant :

— C'est à devenir fou !

— Reconnaissez-vous, insista le juge dont le regard devenait
d'une insupportable fixité, reconnaissez-vous que la veuve
35   Lerouge n'a pu être frappée que par vous ?

— Je reconnais, protesta Albert, que je suis victime d'un de
ces prodiges épouvantables qui font qu'on doute de sa raison.
Je suis innocent.[1]

23. Malgré des ressemblances superficielles, en quoi cet in-
    terrogatoire est-il bien différent de celui que mène
    Méchinet ?

---

1. Émile Gaboriau, *L'Affaire Lerouge*, Paris, Librairie des Champs-Élysées/Hachette, coll.
« Labyrinthes », 2003, p. 292-293.

Dans Splendeurs et misères des courtisanes, ***Honoré de Balzac*** *(1799-*
1850) va imaginer la dernière aventure de Vautrin, un forçat évadé, qui se
fait passer pour un abbé espagnol, Carlos Herrera. Il a pris sous sa
protection un jeune parvenu, Lucien de Rubempré, qu'il veut voir briller
dans la société parisienne, mais grâce à des moyens illégaux comme
les détournements de fonds. La troisième partie du roman, intitulée
« Où mènent les mauvais chemins », est à la fois une étude et un roman.
C'est une étude sur l'organisation de la justice française et sur la prison de
la Conciergerie à Paris ; et un roman nous montrant l'arrestation des deux
complices et comment ils ont été secourus par les femmes qui tenaient
à eux. Mais c'était trop tard pour Lucien : il s'était déjà pendu à
la fenêtre de sa cellule. Quant à Vautrin, il se mettra ensuite au service de
la police, devenant un de ses meilleurs agents. Dans cet extrait, Lucien et
Carlos entrent chacun dans sa cellule. L'action se passe le 15 mai 1830.

Splendeurs et misères des courtisanes

(1838-1847)

Ce nouveau Droit criminel[1] ferma tout un abîme de souf-
frances. Aussi, peut-on affirmer qu'en mettant à part les af-
freuses tortures morales auxquelles les gens des classes supérieures sont en proie en se trouvant sous la main de la
5   Justice, l'action de ce pouvoir est d'une douceur et d'une simplicité d'autant plus grandes qu'elles sont inattendues.
L'inculpé, le prévenu ne sont certainement pas logés comme
chez eux ; mais le nécessaire se trouve dans les prisons de Paris.
D'ailleurs, la pesanteur des sentiments auxquels on se livre
10   ôte aux accessoires de la vie leur signification habituelle. Ce
n'est jamais le corps qui souffre. L'esprit est dans un état si

---

1. *Ce nouveau Droit criminel* : en 1808, un code d'instruction criminelle avait réformé
la justice répressive. En 1810, le droit pénal fut codifié, répartissant les infractions
en trois classes (contraventions, délits, crimes), fixant les peines applicables et pré-
voyant des circonstances atténuantes et aggravantes.

violent que toute espèce de malaise, de brutalité, s'il s'en ren-
contrait dans le milieu où l'on est, se supporterait aisément.
Il faut admettre, à Paris surtout, que l'innocent est promptement
15 ment mis en liberté.

Lucien, en entrant dans sa cellule, trouva donc la fidèle
image de la première chambre qu'il avait occupée à Paris, à
l'*Hôtel Cluny*. Un lit semblable à ceux des plus pauvres hô-
tels garnis du quartier Latin, des chaises foncées de paille, une
20 table et quelques ustensiles composaient le mobilier de l'une
de ces chambres[1], où souvent on réunit deux accusés quand
leurs mœurs sont douces et leurs crimes d'une catégorie ras-
surante, comme les faux et les banqueroutes. Cette ressemblance entre son point de départ, plein d'innocence, et le point
25 d'arrivée, dernier degré de la honte et de l'avilissement, fut
si bien saisie par un dernier effort de sa fibre poétique, que
l'infortuné fondit en larmes. Il pleura pendant quatre heures,
insensible en apparence comme une figure de pierre, mais
souffrant de toutes ses espérances renversées, atteint dans
30 toutes ses vanités sociales écrasées, dans son orgueil anéanti,
dans tous les *moi* que présentent l'ambitieux, l'amoureux,
l'heureux, le dandy, le Parisien, le poète, le voluptueux et le
privilégié. Tout en lui s'était brisé dans cette chute icarienne[2].

Carlos Herrera, lui, tourna dans son cabanon[3] dès qu'il y
35 fut seul comme l'ours blanc du Jardin des Plantes[4] dans sa

---

1. Il est pourtant dans une cellule du secret, censée ne contenir ni table ni chaises. Balzac
   le précise lui-même quelques pages plus loin : de telles cellules « n'ont pour mobilier qu'une espèce de lit de camp et un baquet destiné à d'impérieux besoins. Il ne
   s'y trouve pas un clou, pas une chaise, pas même un escabeau. Le lit de camp est
   si solidement scellé qu'il est impossible de le déplacer » (*Splendeurs et misères des courtisanes*, Paris, Presses Pocket, 1991, p. 470).

2. *icarienne* : relatif à Icare, héros de la mythologie grecque. Il s'échappa avec son père
   Dédale du labyrinthe du Minotaure par la voie des airs, le corps couvert de plumes
   collées avec de la cire. Exalté par le plaisir de voler, il s'approcha tant du soleil que
   la cire fondit. Sa chute dans la mer Égée lui fut fatale.

3. *cabanon* : cellule.

4. *Jardin des Plantes* : jardin zoologique.

cage. Il vérifia minutieusement la porte et s'assura que, le judas excepté, nul trou n'y avait été pratiqué. Il sonda tous les murs, il regarda la hotte par la gueule de laquelle venait une faible lumière[1] et il se dit : « Je suis en sûreté! » Il alla s'asseoir dans
40 un coin où l'œil d'un surveillant appliqué au judas à grillage n'aurait pu le voir. Puis il ôta sa perruque et y décolla promptement un papier qui en garnissait le fond.[2]

24. Que signifie cette phrase de Balzac : « D'ailleurs, la pesanteur des sentiments auxquels on se livre ôte aux accessoires de la vie leur signification habituelle. » (lignes 9 et 10) ?

25. Retrouvez les procédés narratifs (tableau*, sommaire*, scène*, portrait*) utilisés dans chacun des paragraphes.

26. Comparez Balzac et Gaboriau quant au procédé narratif privilégié par chacun. Lequel est-ce dans chaque cas et qu'en déduisez-vous ?

27. Lucien et Carlos réagissent de façons différentes. Montrez-le, tout en établissant les ressemblances avec Monistrol. Donnez quelques passages appuyant votre explication.

---

1. La fenêtre est en partie masquée par une hotte.
2. Honoré de Balzac, *Splendeurs et misères des courtisanes*, Paris, Presses Pocket, 1991, p. 376-377.

ANNEXE I

TABLEAU SYNOPTIQUE
D'ÉMILE GABORIAU ET DE SON ÉPOQUE

	Son époque	Sa vie et son œuvre
1828	Eugène-François Vidocq (1775-1857), ancien criminel devenu préfet de la police de Paris, publie ses *Mémoires*.	
1829	Victor Hugo (1802-1885), *Le Dernier Jour d'un condamné*.	
1830	Révolution. Abdication de Charles X. Monarchie de Juillet : Louis-Philippe 1er au pouvoir. Stendhal (1783-1842), *Le Rouge et le Noir*.	
1832		Naissance d'Émile Gaboriau à Saujon (Charente-Maritime). Son père est fonctionnaire, receveur à l'Enregistrement.
1834	Hugo, *Claude Gueux*. Honoré de Balzac (1799-1850), *Ferragus, chef des dévorants*.	
1838	Balzac, *Splendeurs et misères des courtisanes* ; il remaniera le texte pour lui donner sa version finale en 1847.	
1839	Stendhal, *La Chartreuse de Parme*. Rapport de Lord Durham sur la crise politique au Haut et au Bas-Canada.	Études médiocres au gré des affectations de son père.

Son époque	Sa vie et son œuvre
1841 Balzac, *Une Ténébreuse Affaire*.	
1841- 1842 Edgar Allan Poe (1809-1849) publie « Double assassinat dans la rue Morgue » (1841) et « La lettre volée » (1842), mettant en scène le premier détective, le chevalier Dupin.	
1842 Poe, « Le mystère de Marie Roget ».	
1842- 1843 Eugène Sue (1804-1857), *Les Mystères de Paris*.	
1843- 1844 Paul Féval (1817-1887), *Les Mystères de Londres*. Vidocq, *Les Vrais Mystères de Paris*.	
1844- 1845 Alexandre Dumas (1802-1870), *Le Comte de Monte-Cristo*.	
1848 Révolution. Instauration de la IIᵉ République. Louis Napoléon Bonaparte élu président.	
1851 2 décembre : coup d'État de Louis Napoléon Bonaparte.	Mort de sa mère. Il quitte une étude de notariat où il travaillait comme clerc. Il s'engage pour sept ans dans l'armée.
1852 Instauration du Second Empire.	
1852- 1853 Charles Dickens (1812-1870) publie à Londres *Bleak House*.	
1853 Haussmann entame les travaux de modernisation de Paris en perçant de larges avenues.	Il démissionne de l'armée.
1854- 1855 Dumas, *Les Mohicans de Paris*.	Il monte à Paris. Il corrige des épreuves, entre au service d'un magistrat, puis d'un chimiste.

	Son époque	Sa vie et son œuvre
1856	Charles Baudelaire (1821-1867) traduit les *Histoires extraordinaires* de Poe.	
1857	Ponson du Terrail (1829-1871), *L'Héritage mystérieux*, premier roman des aventures de Rocambole. Gustave Flaubert (1821-1880), *Madame Bovary*. Baudelaire, *Les Fleurs du mal*. Féval, *Le Bossu*.	
1858	Publication, par les soins de Dumas, des *Mémoires d'un policeman* de William Russell (1807-1877), précédemment publié à Londres en 1852.	Il entame une carrière de chroniqueur et de journaliste apprécié au *Tintamarre*, à *La Vérité* et au *Journal à 5 centimes* (1859). Paul Féval l'emploie comme secrétaire. Une relation d'amitié se développera entre eux.
1860	1er janvier : agrandissement des limites de Paris.	Il fait la rencontre d'Amélie Rogelet qui va partager sa vie. Les maigres ressources de Gaboriau ne lui permettent pas de l'épouser et de veiller à établir une famille.
1861		Une violente inflammation à l'œil gauche qui a commencé à l'été 1860 se poursuit en 1861 et le contraint à faire une cure à Eaux-Chaudes, dans les Pyrénées. Publication des *Cotillons célèbres*, du *13e Hussards* et de *L'Ancien Figaro*.

	Son époque	Sa vie et son œuvre
1862	Hugo, *Les Misérables*. Paul-Louis-Alphonse Canler (1797-1865), ancien chef de la sûreté de Paris, publie ses *Mémoires*, aussitôt saisis et interdits.	Son œil le fait moins souffrir, mais ce sont des migraines continuelles qui l'assaillent durant l'hiver et le printemps. Il ne travaille qu'à la lumière du jour. Il s'installe au 10, rue des Batignolles. Publication des *Mariages d'aventure* et des *Gens de bureau*.
1863	Féval commence la publication des *Habits noirs* qui se terminera en 1875.	Ennuis d'argent. 7 octobre : mariage de sa sœur avec un avocat. Il mesure bien tout ce qui le sépare de la position bourgeoise qu'elle occupe. Publication des *Petites Ouvrières* sous le pseudonyme de Duckett.
1864-1865		Ennuis d'argent. Il devient débiteur de ses proches. Août : repos à Fontainebleau. Il souffre de palpitations, d'étouffements, de syncopes. Septembre : insomniaque, il se fait administrer de la morphine tant ses maux sont nombreux : conjonctivite ; surdité à une oreille ; rages de dents permanentes ; gorge enflée au point de ne pouvoir avaler ; maigre à faire peur. Les médecins diagnostiquent une névralgie rhumatismale aiguë. Publication de *L'Affaire Lerouge* dans *Le Pays*, de septembre à décembre.

	Son époque	Sa vie et son œuvre
1866		Moïse Millaud, propriétaire de plusieurs journaux populaires, se l'attache en lui offrant des salaires fabuleux.
		Republication de *L'Affaire Lerouge* dans *Le Soleil*, qui connaît un grand succès populaire. Publication du *Crime d'Orcival* dans *Le Petit Journal*, qui connaît autant de succès.
1867	Exposition universelle de Paris. Confédération canadienne. Émile Zola (1840-1902), *Thérèse Raquin*.	Publication du *Dossier n° 113* et des *Esclaves de Paris* dans *Le Petit Journal*. Aisance financière : il emménage avec Amélie dans un vaste appartement, rue Notre-Dame-de-Lorette, avec trois domestiques à leur service.
1868		Publication de *Monsieur Lecoq* à la suite d'un battage publicitaire important.
1869		Publication de *La Vie infernale*.
1870	Juillet : la France déclare la guerre à la Prusse. 2 septembre : capitulation française à Sedan. 4 septembre : instauration de la IIIᵉ République. Siège de Paris durant plusieurs mois.	Mobilisé dans la Garde nationale. Pris dans Paris assiégé. Publication de *La Clique dorée* et de *La Route de Berlin*. Début de la publication *Des Mémoires d'un agent de la Sûreté* dans *Le Petit Journal*. Ne sera publié que *Le Petit Vieux des Batignolles*, du 8 au 19 juillet.
1871	De mars à mai : Commune de Paris.	Publication du *Journal d'un garde national mobilisé* et de *La Dégringolade*.

Son époque	Sa vie et son œuvre
1872	Publication de *La Corde au cou*. Mort de son père.
1873	Publication de *L'Argent des autres*. 24 juillet : il épouse Amélie Rogelet avec qui il vivait en concubinage depuis 13 ans. 29 septembre : mort d'Émile Gaboriau à Paris d'une crise cardiaque.
1876	Première publication en livre du *Petit Vieux des Batignolles*.
1887 Sir Arthur Conan Doyle (1859-1930) publie la première aventure de Sherlock Holmes, *Une Étude en rouge*.	

ANNEXE II

GLOSSAIRE DES NOTIONS LITTÉRAIRES

Allographe : Du grec *allos*, « autre », et *graphos*, de *graphein*, « écrire ». Un texte allographe est rédigé par un auteur différent de l'auteur déclaré ou présumé. La présentation de Thomas Grimm est un texte *allographe*. Contraire : *auctorial* ou *autographe* (l'avant-propos de Godeuil est *autographe*).

Analepse : Retour en arrière dans le déroulement chronologique (*flash-back*). Contraire : *prolepse*.

Anaphore : Figure de style. Répétition d'un ou de plusieurs mots en début de vers, de phrases, de propositions, de syntagmes, etc.

Antithèse : Figure de style. Rapprochement de deux termes ou de deux propositions opposés sur le plan du sens. Exemple : le vide et le plein.

Cliché : Terme péjoratif désignant une idée ou une expression toute faites trop souvent utilisées.

Commentaire narratorial : Interruption de l'histoire par le narrateur qui commente son récit ou les conditions matérielles de sa narration. Par exemple, Godeuil commente son récit en l'interrompant aux lignes 417 et 418 : « aujourd'hui encore je pourrais dessiner l'appartement ». On le distingue du *commentaire éditorial*, qui explique les conditions matérielles de l'établissement et de la publication du texte (le *commentaire éditorial* peut aussi être fait par le narrateur qui assume la fonction d'éditeur).

Comparaison : Figure de style. Rapport analogique établi explicitement entre un objet et un autre, liés par *comme*, *tel* ou une autre expression équivalente.

Connotation : « Sens particulier d'un mot, d'un énoncé qui vient s'ajouter au sens ordinaire selon la situation ou le contexte. *Connotation méliorative, péjorative.* » (*Robert*) La connotation est subjective, c'est un ajout de sens, au contraire de la *dénotation* qui est « le sens ordinaire », objectif. Certaines connotations sont codées culturellement et identifiées au dictionnaire. D'autres sont propres au contexte : il faut alors bien décoder l'intention de l'auteur (par le biais de son narrateur) ou du personnage qui prend la parole.

Déictiques temporels et spatiaux : Du grec *deixis*, « action de montrer ». Les déictiques désignent directement une entité constitutive de la situation des interlocuteurs. Les déictiques spatiaux et temporels sont des éléments de référence directe : « ici », « maintenant », « dans un couloir immense », etc. Un même déictique peut recevoir une interprétation différente en fonction du contexte.

Destinateur : Locuteur ou auteur ; celui qui produit un énoncé ou un texte qu'il destine à quelqu'un (le *destinataire*).

Discours direct : Discours d'un personnage tel qu'il l'a prononcé. La tradition française place des guillemets ou des tirets en tête du discours direct. Exemple : « – Il pleut, dit-il. » Contraire : *discours indirect*.

Discours indirect (ou discours rapporté) : Discours d'un personnage rapporté par l'intermédiaire d'un autre personnage ou du narrateur. Exemple : *Il m'a dit qu'il pleuvait.* Contraire : *discours direct*.

Discours indirect libre : Discours d'un personnage rapporté, mais reproduit sans marques apparentes et transposé pour s'harmoniser avec le discours du narrateur. Exemple : *Simon sortit. Tiens, il pleut. Heureusement il avait son parapluie.* Autre exemple : *Simon m'écrivait. Qu'est-ce qu'il aurait été mouillé sans son parapluie !*

Effet de réel : Il vise l'adhésion du lecteur à la « réalité » du récit. La représentation peut imiter le réel. On appelle alors *mimésis* l'imitation directe (au théâtre) ou indirecte (dans le récit) du réel, dont les objets sont transformés en signes. Certaines formes littéraires « réalistes » proposent des représentations conformes à ce que le lecteur sait du réel, afin que celui-ci puisse les reconnaître dans l'œuvre d'art. Toute tentative pour nous faire oublier que nous sommes dans une fiction et qui prétend à la vérité factuelle contribue à créer un effet de réel, par exemple, des références à des ouvrages qui n'existent pas, des photos qui ont l'air vraies. (Voir Roland Barthes, « L'effet de réel », *Communication* n° 11.)

Énumération : Figure de style. Suite d'au moins trois termes de même nature grammaticale (noms, verbes, etc.) ou syntaxique (sujets, compléments, etc.) à l'intérieur d'une même phrase. L'énumération appartient aux figures d'insistance. Elle peut être graduée ou non.

Extradiégétique (Narrateur) : Narrateur qui ne prend part à aucune histoire. Il s'oppose au narrateur *intradiégétique*. On le retrouve, par exemple, dans l'extrait de *Splendeurs et misères des courtisanes*, p. 157 à 159.

Familier (Niveau de langue) : Niveau de langue des conversations courantes, entre gens qui se connaissent bien.

Fantastique (Tonalité) : On la retrouve dans des textes où les personnages ont peur et sont aux prises avec des événements surnaturels, étranges et insolites.

Gradation : Figure de style. Énumération dont les termes amplifient ou amenuisent un sens, une connotation. La gradation peut être croissante ou décroissante.

Hétérodiégétique (Narrateur) : Le narrateur est hétérodiégétique quand il narre l'histoire d'autres personnes. Il s'oppose au narrateur *homodiégétique*. L'extrait de *L'Affaire Lerouge*, p. 155 et 156, en donne un exemple.

Homodiégétique (Narrateur) : Le narrateur est homodiégétique quand il narre sa propre histoire. Il s'oppose au narrateur *hétérodiégétique*. Godeuil, en narrant sa propre histoire, est un narrateur homodiégétique. On peut dire aussi qu'il est intradiégétique.

Hyperbole : Figure de style. Exagération. Contraire : *litote*.

Intradiégétique (Narrateur) : Narrateur qui, avant de prendre la parole, constitue un personnage de l'histoire. Il s'oppose au narrateur *extradiégétique*. Godeuil est intradiégétique, puisqu'il constitue un personnage de la présentation de Thomas Grimm, p. 20 à 22.

Lyrique (Tonalité) : On la retrouve dans les textes exploitant le vocabulaire des émotions et des sentiments intérieurs, ceux du moi de l'auteur (souvent en poésie) ou d'un personnage narrant son aventure (narrateur homodiégétique).

Métaphore : Figure de style. Emploi d'un terme concret dans un contexte abstrait par substitution analogique, sans qu'il y ait d'élément introduisant formellement une comparaison. Par exemple, en parlant d'une personne lente à accomplir une tâche : *C'est une tortue !* Ici, le terme concret « tortue » est utilisé dans un contexte abstrait, la lenteur.

Niveau de langue : « Caractère d'une langue, en rapport avec le niveau social, culturel de ceux qui la parlent. » (*Robert*) Le niveau de langue d'un personnage (ou d'un narrateur) le situe dans un contexte et peut même indiquer le milieu auquel il appartient. (Voir *Familier*, *Soutenu*, *Vulgaire*.)

Onyme : Un texte est onyme si l'auteur qui le revendique est celui qui l'a rédigé. Gaboriau, maintenant, est l'auteur onyme du *Petit Vieux des Batignolles*. Contraires : *anonyme* et *pseudonyme*. Godeuil est un pseudonyme de Gaboriau pour le lecteur de 1870. La présentation de Grimm, non signée dans l'édition de 1876, est un texte anonyme.

Paratexte : « Ce par quoi un texte se fait livre et se propose comme tel à ses lecteurs. » (Gérard Genette, *Seuils*) Le paratexte contient tout ce qui excède le texte : le *péritexte* (le nom de l'auteur, le titre, l'intertitre, la dédicace, la préface, la postface, les notes, etc.) et l'*épitexte* (les interviews, les entretiens, la correspondance de l'auteur, ses journaux intimes, etc.).

Portrait : Procédé narratif. Description physique, morale, psychologique ou sociale d'un personnage.

Prolepse : Anticipation dans le déroulement chronologique. Contraire : *analepse*.

Réaliste (Tonalité) : On la retrouve dans les textes surtout descriptifs, sans connotation (voir la définition de ce terme), qui visent à peindre le réel tel qu'il est.

Scène : Procédé narratif. Unité de texte narratif ou dramatique fondée sur une action ou sur un dialogue.

Sommaire : Procédé narratif. Résumé d'une action ou d'un dialogue.

Soutenu (Niveau de langue) : Niveau de langue châtié et normatif.

Suspense : Deux définitions sont valables, et on peut facilement imaginer un croisement de ces deux types de suspense. Le suspense est porté par un héros qui se présente comme une victime. — A) « Un récit dont la vraisemblance et l'étrangeté sont telles que notre âme se sent paralysée et agonise. » (« Le "suspense" », Boileau-Narcejac, *Quarante ans de suspense*) Le suspense est ici lié au fantastique, à l'insolite. La raison est aux prises avec un paradoxe, une énigme qui semble dépasser le réel. — B) L'autre suspense est fondé sur une contraction du temps romanesque. Le héros doit accomplir une action dans un laps de temps limité, tandis que les obstacles se dressent sur son chemin.

Tableau : Procédé narratif. Description d'un lieu, d'une atmosphère.

Tonalité : On peut dire de la tonalité qu'elle correspond à « *l'impression générale* qui se dégage d'un texte littéraire » (Normand Saint-Gelais, *Pratique de la littérature*). La tonalité serait au texte long (plusieurs paragraphes, un chapitre, voire l'œuvre elle-même) ce que la connotation serait à un mot ou à quelques phrases. On retrouve plusieurs types de tonalité : comique, dramatique, épique, fantastique, ironique, lyrique, pathétique, etc. Une tonalité est toujours le résultat d'éléments formels (choix de mots, de tournures, de ponctuation, etc.) et d'éléments de contenu (de thèmes, de personnages, d'éléments spatio-temporels, etc.).

Topoï : Pluriel (en grec ancien) de *topos*.

Topos : Mini-canevas ou mini-scénario récurrent d'un passage narratif à l'autre. (*Source* : http://alor.univ-montp3.fr/SATOR/)

Vulgaire (Niveau de langue) : Niveau de langue qui n'obéit pas à la norme linguistique de l'oral (niveau familier) ou de l'écrit (niveau soutenu ou familier). Synonyme : *populaire*.

MÉDIAGRAPHIE

ŒUVRES DE GABORIAU ACTUELLEMENT DISPONIBLES

La Corde au cou, Paris, Librairie des Champs-Élysées/Hachette, coll. «Labyrinthes», 2004.

L'Affaire Lerouge, Paris, Librairie des Champs-Élysées/Hachette, coll. «Labyrinthes», 2003.

Le Crime d'Orcival, Paris, Ombres, «Les Classiques de l'aventure et du mystère», 2001.

Le Dossier n° 113, Paris, Librairie des Champs-Élysées/Hachette, coll. «Labyrinthes», 2003.

Monsieur Lecoq, Paris, Librairie des Champs-Élysées/Hachette, coll. «Labyrinthes», 2003.

ÉTUDES ET ARTICLES SUR GABORIAU

BONNIOT, Roger, *Émile Gaboriau ou la naissance du roman policier*, Paris, Éditions J. Vrin, 1985.

Il s'agit de la seule biographie de l'écrivain. Bonniot y a accompli un travail colossal pour éclairer la vie de l'auteur, rétablir bien des faits, commenter les œuvres de Gaboriau à la lumière du contexte social et littéraire de l'époque. Une étude incontournable pour aller plus loin dans la compréhension de Gaboriau.

CHEVRIER, Thierry, «Gaboriau» dans le *Dictionnaire des littératures policières*, sous la direction de Claude Mesplède, Paris, Joseph K., 2003, p. 695-697.

Un article bien documenté et synthétique sur la vie et l'œuvre policière de Gaboriau. Son rôle de père fondateur et son influence sur les auteurs de romans policiers qui lui ont succédé y sont bien analysés.

COMPÈRE, Daniel, « L'étrange carrière de monsieur Lecoq », *Le Rocambole, Bulletin des amis du roman populaire*, printemps 2003, n° 22, p. 19-29.

Une analyse très pertinente du personnage de Gaboriau, l'enquêteur Lecoq, qui revient de roman en roman en s'étoffant. Compère y relève les éléments contradictoires et établit la chronologie des différentes enquêtes de Lecoq, que l'ordre de publication des romans avait brouillée.

ÉTUDES ET GUIDES SUR LE ROMAN POLICIER

BAUDOU, Jacques et Jean-Jacques SCHLERET, *Le Polar*, Paris, Larousse, coll. « Guide Totem », 2001.

Pour tout connaître du roman policier, actuel et passé. Nombreuses illustrations. Dictionnaire des auteurs, nombreux résumés d'œuvres, parties consacrées à la BD, au film et au téléfilm policiers. Un guide exploratoire.

DUBOIS, Jacques, *Le Roman policier ou la modernité*, Paris, Nathan, coll. « Le texte à l'œuvre », 1992.

Une étude magistrale. Les conditions d'émergence du roman policier y sont analysées, puis sont cherchées certaines contraintes du genre. Dubois y renouvelle en plusieurs occasions le regard que la critique avait développé depuis Todorov (en le paraphrasant trop souvent, hélas !). L'intelligence de ses analyses, l'originalité de ses hypothèses, la souplesse de son style ont rarement été égalées dans le domaine.

TODOROV, Tzvetan, « Typologie du roman policier », *Poétique de la prose* suivi de *Nouvelles Recherches sur le récit*, Paris, Seuil, coll. « Points », 1971, 1978, p. 9-19.

L'analyse canonique, celle par laquelle il faut amorcer toute réflexion. Todorov s'y montre brillant et concis, donnant des définitions claires et des paramètres pratiques pour établir un modèle du genre.

SITES INTERNET SUR LE ROMAN POLICIER

www.mauvaisgenres.com

> Un site de très grande qualité abordant de nombreux thèmes et faisant l'histoire du genre. Les œuvres et les auteurs contemporains sont privilégiés.

www.revue-alibis.com

> Site commercial de la revue québécoise *Alibis* destinée à la publication de nouvelles policières, de critiques et d'études sur le genre. Longs articles en format pdf.